Roland Ravanel

Guide de haute montagne

Sous la légende et l'épopée,
le chant d'un monde…

tome II

À ma mère

Je tiens à remercier très chaleureusement toutes les personnes qui m'ont confié leurs photos : ma mère, Thérèse Bellin, Michel Burnet, Hélène Chamel, Francis Calamard, Jean Charlet, Jean-Louis Chalencon, Michel Hémont, Raphaëlle Mollard, Bernard Monnier, la famille Ravanel (les descendants du Rouge), Michel Ravanel, Roger « Ravanel à Luc », Camille Simond, Michel Werl, ainsi que l'école de ski français d'Argentière.

Avant-propos

J'ai toujours été et suis encore attiré par la montagne. C'est une chance d'avoir pu vivre dans ce pays à nul autre pareil. Je ne remercierai jamais assez ceux qui m'ont fait connaître la montagne.

Je dois mes premiers pas en ces lieux magiques à mes parents qui m'ont amené au refuge du Jardin, comme on disait alors (aujourd'hui refuge d'Argentière), ou au lac Blanc.

J'ai eu la chance de côtoyer des aînés compétents et bienveillants comme Michel Ravanel, Marcel Burnet, Gaston Rebuffat, Guy Devouassoux.

J'ai encore de la veine, comme on dit, de faire de l'escalade avec des amis motivés : Henri Biondi, Jean Gallineau, Armand Comte… Nous répétons des voies qui s'ouvrent, quelquefois nous faisons demi-tour devant la difficulté ! Qu'importe ! la montagne reste une école de patience et de volonté.

Je grimpe aussi avec des plus jeunes : mon fils Marc m'emmène dans des voies qui sont au-dessus de mon niveau, dans lesquelles je prends sur moi ce que je peux encore prendre pour m'en sortir. Comme il est bien plus fort et patient que son père, ça finit par marcher…

Nous essayons aussi, Armand et moi, de faire des sommets que nous n'avons jamais gravis. Ainsi le Toubkal, au Maroc, la pointe d'Areu ou encore le Truc Blanc dans le Val d'Aoste sans compter l'Ima Tse au Népal.

Nous sommes allés au pilier des Gémeaux, au mont Aiguille avec Ritton et Jean. Quelle joie de se balader sur ce plateau herbeux comme du haut d'un donjon surplombant le Trièves. Nous avons aussi été au couloir Puiseux « en amat » ou encore au Buet, il y a plus d'une paire d'années, depuis le Brévent.

L'allure ralentit, le sac s'allège, les jambes s'alourdissent, la satisfaction reste immense…

Nous emmenons encore des gens faire quelques sommets, gardant ainsi certaines illusions. Parfois « nous butons » car c'est trop dur et nous renonçons, nous repliant sur un itinéraire de rechange.

Il faut rester humble devant la montagne ! Je dis souvent pour rigoler : « Nous sommes des *has been* ! » ! avec le petit espoir de s'étonner encore à l'occasion.

Toutes ces courses faites, ces balades réalisées ont pris une grande partie de notre temps, mais à notre époque de forme nous étions plus rapides, plus sûrs aussi. Les sorties étaient trop courtes, maintenant les jours deviennent courts, c'est l'inverse. Nous récupérons moins vite et nous contentons donc de peu.

Une simple promenade avec le chien au-dessus de la digue du Bourgeat, le matin lorsque le jour se lève me décrasse, me ravit car en me retournant je vois le bord des Aravis et les Fis qui s'éclairent. Ceci n'intéresse pas forcément Roméo qui furète de tous côtés avant qu'on ne revienne au Bois Rond où il ne rêve que d'une chose : repartir, pouvoir s'échapper…

Les animaux aussi aiment la liberté, c'est normal, il ne faut pas leur en vouloir. On ne peut pas les corriger lorsqu'ils reviennent, c'est trop tard, ils sont trop agiles pour être pris sur le fait donc « impunissables ».

L'homme, ce bipède, est fait pour marcher, seul c'est

facile, à deux c'est plus difficile, en groupe c'est souvent « galère ».

Le guide doit tenir compte de la forme physique des gens qu'il emmène et surtout de leur caractère. Ce n'est pas toujours tout rose d'emmener un tel ou une telle dans des courses X ou Y.

Nous avons aussi, nous, les professionnels de la montagne, nos faiblesses de caractère. Quelquefois nous sommes à bout et des paroles malheureuses s'échappent.

Les clients font moins de montagne qu'avant, ils s'en approchent, ils l'effleurent parfois. L'école d'escalade et les sports dérivés comme le VTT, le vol libre ou le canyoning sont très intéressants, mais ils ressemblent un peu au « houla hop » des années soixante qui n'était ni gymnastique, ni cirque, ni danse.

Beaucoup de guides vivent du canyoning ou du VTT. Certains ne font plus de ski, d'autres même ne mettent plus les pieds dans la neige. Je serais tenté de dire : « Dommage pour les marchands de chaussures ! » Non, en fait, c'est leur affaire, cela vient surtout du lieu où ils exercent.

Un guide célèbre de l'Oisans disait : « Les guides ne sont plus que des surveillants de baignade et des contrôleurs de moulinettes, bientôt les accompagnateurs iront aux Écrins ! »

Après ces considérations d'actualité qui ne sont qu'un constat et non pas une critique, je voudrais redire mon idée que le guide reste celui qui va devant comme l'a si bien exprimé Max Liotier. Je pense même que ce professionnel de la haute montagne doit passer dans les refuges pour faire des courses avec tout ce qu'elles comportent : des montées vers les cabanes dans tous les massifs, des départs au petit matin et des ascensions dignes de ce nom.

Il n'est rien de plus émouvant qu'un lever de soleil sur les faces nord, que les ombres portées des aiguilles sur les glaciers, qu'un soleil couchant où l'on voudrait s'attarder encore alors que le froid est imminent, qu'il faut presser le pas pour rentrer.

Il est donc important de se sentir bien accueillis en refuge, même si l'on n'est pas guide, même si on apporte son casse-croûte ou si la cordée a pris du retard. L'accueil des gardiens, c'est déjà cinquante pour cent de la réussite de la course du lendemain. Un poêle allumé par temps humide, pour sécher les habits, une boisson chaude et surtout pas d'éclats de voix pour rien.

Être gardien de refuge n'est pas chose facile ; ce n'est pas donné à tout le monde d'être de bonne humeur tout en se faisant respecter. Le gardien doit être au service des alpinistes. Ceux-ci ne doivent pas se comporter comme chez eux, en terrain conquis.

Le refuge doit être propre sans pour autant tomber dans un excès de maniaquerie…

Tout cela pour situer l'importance des cabanes qui, d'abris sommaires, sont devenues des refuges gardés. C'est un endroit où l'on mange, où l'on dort à côté les uns des autres : un lieu de promiscuité parfois désagréable… Que faire ?

Nous avons beaucoup de soucis avec les refuges car l'argent manque, il n'arrive pas tout seul. Nous essayons de les rendre plus agréables, plus fonctionnels mais avons du mal en comparaison de nos voisins suisses et italiens qui reçoivent de grosses subventions de leurs cantons, de leurs régions autonomes…

Nous nous investissons à la modernisation, voire à la mise aux normes des cuisines, au confort des dortoirs, à la salubrité des sanitaires… Mais à quel prix !

La critique est aisée, l'art est difficile.

C'est d'Albert-Ier que part le débutant pour l'aiguille du Tour. D'Argentière on démarre la Haute Route. Du Couvercle, de Leschaux ou de l'Envers où l'on passe plusieurs jours on effectue de grandes courses. En descendant la Vallée Blanche à skis on s'arrête au Requin (plusieurs milliers de personnes certains jours).

C'est ça l'image, la première image de la montagne ! C'est plus important que l'hôtel deux ou trois étoiles de fond de vallée.

Les gardiens sont en général des gens du pays, ils contribuent donc à faire passer le message comme les professionnels de la montagne qui sont là pour faire découvrir la richesse de leur territoire aux gens qu'ils accompagnent.

Nous n'avons pas le droit de décevoir ceux qui viennent pour exaucer un rêve, ils veulent continuer à rêver.

Nous avons donc la chance d'évoluer dans un milieu exceptionnel, nous en sommes les seigneurs. C'est là notre richesse. Préservons-là pour nos enfants, pour les générations futures, réservons leur la possibilité de rêver encore.

Sommaire

Le refuge Albert-Ier

La première fois que mon père m'emmena au refuge Albert-Ier, à pied depuis le village du Tour, j'avais quatorze ans. Nous étions avec la famille Lutz dont le fils avait le même âge que moi. C'était lui qui m'avait dit une fois que nous, les gens de la Vallée, nous étions les « indigènes ». J'allais plus vite que tout le monde en remontant la moraine du glacier du Tour.

Le lendemain, vers le col du Tour, nous croisâmes une cordée emmenée par un jeune guide de Chamonix : un Balmat, je crois. Mon père dit de lui : « Il guide bien. »

Il y eut énormément de glissades dans la descente, car les clients n'étaient pas très expérimentés. Selon le conseil de mon copain Jacquoud, j'écrivis sur le registre : « J'ai fait chier les autres en tirant sur la corde », ça commençait bien…

Le refuge était alors gardé par Alfred et Germaine Simond de Montroc. Alfred était le cousin de germain de mon père et Germaine également une cousine, mais par un autre côté. Le refuge Albert-Ier, qui porte le nom du roi des Belges qui s'est tué à Marches-les-Dames, dans les Ardennes belges, est situé au-dessus du glacier du Tour à 2 700 mètres environ.

C'était le point de départ de la Haute Route en hiver avant que le « télé » des Grands Montets ne soit achevé. On y accède maintenant du Tour, par la Cruze Blanche et la moraine. Le chemin est raide. Lorsque la remontée de Balme fonctionne, on suit le chemin qui traverse sous le lac de Charamillon et mène à la moraine latérale du glacier et au refuge. On traverse alors après avoir gravi quelques lacets, le couloir du petit câble qui a été retracé, puis celui du grand câble où il y a des mains courantes, mais plus de câble. Ensuite, par la *pirire* (pierrier) et la moraine, on accède facilement au refuge.

L'intégrale de la Purtscheller

Comme porteur, j'ai fréquenté ce refuge en 1957, les gardiens étaient toujours Alfred Simond et son beau-frère Léon Charlet. Ils ont succédé à Ulysse Simond des Chosalets, qui était un guide « très leste en rocher » disait-on. En fait, Alfred et Léon m'ont parlé de la descente du Chardonnet, des courses faites avec Jean-Mi (Jean-Henri Ravanel, des Chosalets, fils de Jérémie) du couloir Couturier, du couloir en Y.

André Devouassoux venait fréquemment avec ses clients et comme il disait, il allait à la « cabane bambou » en cas de mauvais temps. Édouard des Rafforts (Ravanel) s'est tué cette année-là, tombant d'une benne du télésiège de Balme en construction, c'est le père de Marc Terraillon qui est venu au pas de course avertir Alfred et Léon.

Dure loi que celle de la nature, des travaux, de la vie… Jean de la Joux (Ducroz) est arrivé avec le stage d'aspirant guide dont Bernard Ravanel, Claude Ancey et Jean Payot faisaient partie. Ils ont fait le Chardonnet le lendemain. Peu de temps après, nous avons appris le décès de Jean Ducroz dans un crash d'hélicoptère avec René Rionda à l'Envers des Aiguilles. Encore un accident. Le père de Philippe Bruère s'est tué en moto. Philippe deviendra guide à Argentière ensuite où il exerce toujours.

Le refuge a accueilli jusqu'à cent cinquante personnes alors qu'officiellement il n'avait que soixante places ! Quel travail ! Germaine passait les plats par la fenêtre pour que tout le monde ait à manger. Quand on voit la vie dure que menaient les gardiens à cette époque et les facilités qu'ils ont maintenant, on ne comprend pas toujours pourquoi certains se plaignent aujourd'hui.

Plus de dix ans après, je remonte à Albert, comme on dit, avec des gens de La Roche et Bonneville pour faire la Purtscheller. Jacky nous accueille avec son sourire habituel et Robert nous fait du riz à la sauce tomate que j'aime bien. Oui, Robert, trente ans plus tard, j'ai encore la nostalgie de ton riz à la sauce tomate !

Nous discutons à table du bahut de Bonneville et de celui de La Roche. Inévitablement on parle de sport, de Pierre Labrunie qui a tant fait à La Roche pour l'escalade, pour le CAF, le ski de fond, la natation… Je le revois encore emmenant ses élèves dans sa Traction-avant à Annecy ou à Thonon. Je revois Gérard Tournier du Petit-Bornand retrouvé en Algérie au 27e BCA avec Da Costa, devenu guide ensuite, décédé hélas. Je repense à Guy Caprile, le meilleur du département en saut en hauteur : un mètre quatre-vingts en survêtement, deux mètres une fois. Ce surdoué du sport jouait au foot le matin, au basket l'après-midi, sans compter les déplacements à vélo. Il venait de Constantine et s'est fixé en Corse où nous nous sommes revus à Porticcio et avons évoqué le passé.

Je revois encore Popol Fournier, de Marignier, dans son maillot rayé bleu et blanc et le retourné acrobatique qu'il avait fait lors d'un match. Les frères jumeaux Désalmand, l'un au bahut, l'autre à l'EN, faisaient du handball comme Charly Ribola qui d'une pêche magistrale cassa net l'un des montants de la cage à Bonneville, dans les buts Jacques Folliguet, des Praz, était imperturbable.

C'était l'époque du sport d'équipe, du foot surtout où dominaient les Pastéris, Quoex, Bartoli, Berger, Calligé et autres Coomans. Coudurier était gardien. Nous disposions de deux gauchers au bahut : Jean Faoro véloce Clusien, et Bébert Pastéris le frère de Charles et Pierre, une famille de « footeux » et de constructeurs de Chedde.

De Chamonix arrivaient Jean-Pierre Blanc, Jacques Mollier et Charly qui racontaient leurs sorties en boîte. Nous, les petits gars d'en haut, nous nous y mettions petit à petit, les pieds sur terre, la tête dans les nuages, déjà ailleurs vers les montagnes…

Nous y sommes et préparons le matériel pour le lendemain quand un vieux guide lance :

– Les jeunes, venez boire un coup avec nous !

L'un de nous demande un verre de sirop et le vieux guide s'exclame en patois :

– *Eh là Mon Diu quintcha triste crévaille*, à l'adresse du jeune homme sérieux qui ne sait plus où se mettre.

Il rougit, mais tient bon avec son jus de citron.

Le vieux guide, le béret vissé sur la tête doit redescendre rapidement « faire les foins » demain, car Méryl Ravanel est libre avec son mulet Kiki et le char à foin pour transporter les fagots.

Nous dormons au même étage que la salle à manger et avons, oh surprise ! des couchettes individuelles réservées aux guides. Comme il y a pleine lune, je ferme le volet, doucement, car certains dorment déjà. Mes compagnons sont dans un autre dortoir. Je les réveillerai demain matin.

Réveil tardif : six heures ! Ça suffit pour l'arête sud de la Purtscheller exposée à tous les vents. Le petit déjeuner est pris sans hâte dans la salle bientôt déserte. Les crampons sont prêts de même que la corde enroulée sur le sac dont quelques mousquetons occupent le fond.

La terrasse du refuge est verglacée lorsque nous sortons. Le soleil inonde la Verte et le Chardonnet où des points noirs jalonnent l'éperon Migot. En fait, on devrait dire l'éperon Devouassoux parce que c'est bien Camille Devouassoux dit « Camille à Pic » qui en fit la première avec le Dr Migot, mais en ce temps-là on donnait le nom du client (on était en 1929). Cet itinéraire est plus rapide que l'arête Forbes au Chardonnet où les gendarmes à contourner sont nombreux, les corniches dangereuses et les changements de versants fréquents, ce qui occasionne beaucoup de manœuvres. Mon père a toujours dit : « Le Chardonnet est une belle course, haute montagne ; il faut faire attention à la descente ».

Pour le moment nous montons, nous abordons la moraine et le glacier où nous nous encordons. Il fait plus froid que devant le refuge, c'est le moment qui précède l'arrivée du soleil.

Mes compagnons sont jeunes, ils effectuent les opérations rapidement, pas d'erreurs pour les crampons, le piolet est dans la bonne main, la corde fixée au baudrier. Les cordées se suivent sous le signal Reilly. On contourne deux crevasses avant la partie plus plate qui suit. Nous longeons deux fentes parallèles à la direction prise avant de remonter la côte menant vers 3000 mètres au pied du col du Tour Supérieur.

Il est impossible ici de ne pas se souvenir de Roger Fournier et de son « four » à cristaux des aiguilles du col du Tour. Toujours en éveil avec ses petites jumelles, il scrutait les moindres fentes du rocher et tombait parfois sur des trous tapissés de quartz qu'il exploitait seul ou avec des copains, laissant les courses avec clients pour s'adonner à sa passion favorite : la cueillette des minéraux.

C'est lui qui m'a raconté l'histoire suivante arrivée à deux cristalliers du haut de la Vallée qui avaient découvert un « four » (une cavité) à cristaux à l'aiguille d'Argentière : ils s'étaient promis d'y retourner ensemble pour l'exploiter. Le temps ayant passé avec son cortège de bruits divers, l'un des deux chercheurs décide d'y retourner seul. Très tourmenté, il se rapproche de l'endroit convoité, quand il voit son copain du début qui en redescend chargé de cailloux, vers la Vallée. La fin de l'histoire ne m'a pas été contée…

Une autre fois, un cristallier célèbre du haut de la Vallée, nommé Jean-Paul, me dit :

–J'arrive au « four », je mine, je fais sauter la veine de quartz, je suis caché sous un bloc et me retourne : tous les séracs du Couturier descendent, formant une monstre avalanche qui blanchit le Chardonnet en fonçant jusqu'au milieu du glacier… Heureusement que le « télé » était en panne, il n'y avait personne sur le glacier d'Argentière.

On était à cette époque encore loin de l'ère des Catex et des Gazex[1] ... !

Nous arrivons au col du Tour où le soleil nous aveugle, où le vent nous accueille : brrr, les doigts tout à l'heure ! Nous allons vers la rimaye qui n'est pas facile à passer, puis à la brèche marquant le début de l'arête sud. Le vent reprend de plus belle : ça caille ! Nous suivons la fissure et par la droite rejoignons la dalle, puis le ressaut plus raide de l'Intégrale. Ouf, il fait meilleur, nous sommes à l'abri du vent.

Nous surmontons le dièdre rougeâtre qui va vers un trou où l'on relaie. Quelques mètres à gauche, puis en face ouest, avec un coin de bois datant de Mathusalem.

Nous sommes sur une encoche avant le passage le plus fin de la voie avec un « gollot » puis l'arête se couche. Une enjambée au-dessus d'un bloc coincé, un gendarme à contourner, nous retrouvons l'empilement de blocs de la voie normale et le sommet. La Purtscheller, du nom d'un mathématicien-philosophe à l'œil coquin, a été gravie encore une fois.

Quelques petits rappels nous déposent sur le glacier de Trient où nous rencontrons Bernard Couttet, appelé « Kanary », qui redescend de l'aiguille du Tour avec ses clients québécois, dont il imite l'accent à la perfection. « Kanary » est un artiste : il travaille le bois avec des dons rares. Nous regrettons maintenant qu'il ne soit plus parmi nous pour nous raconter des histoires et mettre l'ambiance.

Nous redescendons du col du Tour en glissades ; des nuages noirs annonciateurs d'orages arrivent de l'ouest devant les Aiguilles Rouges qui seront les premières touchées. Lorsque nous arrivons au refuge, Jacky me dit :

1. Le Catex est un câble transporteur d'explosifs. Le Gazex est un gaz servant à déclencher les avalanches. Il y a des Catex au dessus du tunnel du mont Blanc. Des Gazex – plus modernes – les remplacent pour sécuriser les postes ; c'est le cas par exemple aux Grands Montets, au Brévent, à Balme...

–Guy Devouassoux est rentré à neuf heures du Chardonnet, il y a longtemps qu'il est reparti, c'était très bon.

Nous cassons une croûte quand Robert m'appelle :

–Roland, téléphone pour toi ! Ce sont les frères Flippo qui montent te rejoindre, si tu es d'accord.

Je leur parle un moment au téléphone : nous irons à la Purtscheller demain matin avec Jo et Stani, tandis que Hubert montera après-demain pour faire le Chardonnet. Quelle vie on mène quand on est guide !

Le Chardonnet

Alain veut commencer l'alpinisme. Nous montons à Albert-Ier pour qu'il découvre la montagne. Pour sa première course ce sera l'aiguille du Tour. Ensuite on verra.

Je suis bien entraîné cet été 1990 ; j'ai réussi coup sur coup la traversée du mont Blanc, Charmoz-Grépon, la traversée du Cervin et celle de la Meije. Pour l'aiguille du Tour ça ira.

Alain est un grand gaillard sympathique qui avance à longues enjambées. Nous sommes rapidement au refuge où il me parle de sa belle famille qui a réalisé de nombreuses courses avec Michel Ravanel .

Nous sommes les premiers au sommet de l'aiguille du Tour le lendemain et rallongeons la descente pour essayer de cueillir quelques cristaux…

De retour au refuge, je lui dis :

– On aurait pu faire le Chardonnet, vous semblez en être capable.

Et je rajoute :

– L'aiguille du Tour a été trop facile pour vous.

Alain me prend au mot, il descend voir sa femme et remonte dans la foulée au refuge où je l'attends. Nous irons à l'arête Forbes demain.

J'ai parcouru cette arête en juillet avec Françoise, elle était en excellentes conditions. Alain a des chaussures un peu molles, pas très montagne, mais pour une course ça ira. Le lendemain nous partons de bonne heure par le pierrier qui du refuge permet l'accès à la moraine du glacier. Nos frontales nous aident à trouver le meilleur chemin qu'évidemment tous les guides d'Argentière connaissent par cœur.

Nous fixons les crampons aux chaussures et, encordés, filons vers le signal Reilly et les pentes menant vers 3 000 mètres à la bosse et au replat sous les cols du Tour, avant de viser le petit rognon que nous contournerons par la gauche en direction du Chardonnet. Le temps est clair, c'est superbe.

Alain est jeune, il a la « caisse », je crois même qu'il a fait beaucoup d'aviron ; ça se connaît. Nous arrivons au bas de la première pente, la plus grande avant la base de la calotte. Nous remontons en « pointes avant », nos frontales allumées. Alain a du souffle, c'est incontestable.

Je n'aime pas traîner dans cette pente à cause des chutes de séracs possibles. J'avais assisté en direct à une avalanche énorme qui avait entraîné des jeunes du CAF de Rouen, il y a quelques années, alors que je remontais le couloir de la Table à l'aiguille du Tour en face. Ils n'avaient pas eu de chance ce jour-là, sauf quelques-uns comme Gilles Gaby et Michel Cadot qui sont toujours là et en pleine forme.

Ils gravissaient ces pentes quand les séracs se sont décrochés plus haut, ce fut très impressionnant. J'étais avec Philippe Orlassino dont j'ai assuré les clients tandis qu'il s'était mis à courir en direction du Chardonnet pour porter secours.

Je raconte cela à Alain tandis que nous avons franchi la crevasse qui nous sépare de la base de la calotte. Ici nous ne risquons plus rien. À notre gauche les aiguilles Forbes que nous dépassons maintenant, pointes acérées surplombant le glacier de Saleinaz.

Nous cramponnons tranquillement en direction du sommet de la calotte et de la base de notre arête Forbes. Nous avons laissé ce que l'on appelle « la Plaque des Suisses » à notre gauche ; elle est toute en glace.

Le vent se lève, le jour aussi.

– Ça fait frisquet, lui dis-je.

En fait Alain a froid aux pieds avec ses petites godasses.

C'est le moment le plus froid, lui dis-je en enfonçant mon bonnet le plus possible.

Nous parvenons à l'arête et tournons derrière avant de revenir au-dessus par une fissure assez large où il faut éviter de coincer le pied avec le crampon ; ce serait désagréable et on perdrait du temps. J'ai dû plusieurs fois redescendre décoincer le crampon de personnes en difficulté dans cette fameuse fissure ! L'arête est sèche, on se demande comment certains blocs tiennent encore.

Nous poursuivons néanmoins notre course, avec ici cette traversée descendante menant à un col versant aiguille d'Argentière, là ce passage exposé au-dessus de la face nord donnant accès à une brèche. Gare à celui qui accroche ses crampons !

C'est une belle course, longue, sérieuse, haute montagne sans être difficile, mais où il ne faut pas perdre de temps avant la descente. Alain s'en sort bien, réceptif aux conseils et résistant il tient remarquablement le coup dans cette épreuve nouvelle pour lui. Nous finissons par atteindre les derniers escarpements et le sommet du Chardonnet à 3824 mètres.

Des cordées sont aux prises avec les passages que nous venons d'effectuer. Je dis à Alain :

– Tu vois ceux qui sont au gendarme là-bas, ils auraient dû raccourcir leur encordement, les cordes trop longues n'aident pas toujours.

Je lui explique le panorama tandis que nous cassons la croûte : l'aiguille d'Argentière où arrivent quelques petits points noirs venant de Flèche Rousse sans doute. Entre les deux montagnes, le col du Chardonnet et le glacier du même nom où une cordée descend vers le glacier d'Argentière.

En face, la Verte avec le couloir Couturier et l'arête des Grands Montets que j'avais gravie avec Guy Devouassoux il y a vingt ans bientôt. La muraille des Droites plus à gauche puis les Courtes qui sont plutôt longues… Les Drus derrière la Petite Verte et le mont Blanc dans le fond où j'étais il y a quelques jours, où je retournerai demain.

Nous entamons la descente pour être tranquille. Je repense à Paul Martin qui s'était *encoublé* (accroché) avec ses crampons dans le premier couloir. J'avais eu la chance de le retenir. Je pense à des amis lyonnais qui sans doute un peu lents avaient dévissé malheureusement dans cette descente. Cet exercice demande beaucoup de vigilance. La moindre faute est très vite faite. La vitesse est rapidement prise lors d'une glissade, il est alors très très difficile de stopper la cordée.

Albert-Ier. La famille Simond (Germaine et Alfred), gardienne du refuge Albert-Ier dans les années cinquante.
À gauche, le guide André Devouassoux d'Argentière (avec son béret et ses lunettes).

Le gardien Alfred Simond allant réveiller, à la bougie, les alpinistes qui partent au Chardonnet.

Laurent Cretton, porteur au refuge Albert-Ier, monte à pied du village du Tour.

Groupe de porteurs à Albert-Ier : Georges Burnet, Alfred Simond et Joseph Ravanel, mon père.

Michel Ravanel (« Michel à Robert ») au Pain de Sucre de la Purtscheller. L'aiguille d'Argentière est au second plan.

La traversée des Écandies entre le Val d'Arpette et le glacier de Trient. C'est une belle traversée d'arête. La première cordée (Michel Ravanel) est au « Rasoir ».

« Le saut de l'ange » aux Écandies.

Aux Écandies, le passage du « Rasoir ».

Portage à Lognan. Meryl Ravanel et son mulet Kiki arrivent à l'hôtel de Lognan.

Le passage des Égralets reste toujours délicat,
surtout lorsque l'on a un fourneau sur le dos !

Yannick Payot, arrière petit-fils de Ravanel le Rouge, fixe des échelles aux Égralets à l'aide de sa perforatrice.

Aux Chosalets, Roger « Ravanel à Luc » porte le foin dans un « paillet » pour ses moutons. En arrière-plan, on distingue l'aiguille du Chardonnet.

Devant le refuge du Couvercle en 1946 : Michel et Joseph Ravanel, Edmond Bellin, Marguerite Devouassoux et Yvonne Ravanel, ma mère.

Le nouveau refuge du Couvercle, désormais approvisionné par hélicoptère.

L'ancien refuge du Couvercle, bien caché sous la pierre tombée des contreforts du Moine, servait d'abri naturel comme sous un couvercle. C'est là qu'avait été construit le premier refuge, en 1904.

À l'arête sud du Moine. Le marteau à deux têtes, bien visible depuis la Mer de Glace.

Traversée des Courtes. Au second plan, les aiguilles Ravanel et Mummery cachent en partie la face nord du Triolet.

Traversée des Courtes. La pointe Isabelle est au fond sur le plateau du Triolet.

Au sommet des Courtes (3 856 m).

L'ancien refuge de Leschaux, dont Louis Couttet du Lavancher est le gardien.

L'ancien refuge de Leschaux gardé par Louis Couttet du Lavancher et sa famille.

Le nouveau refuge de Leschaux avec la Protection civile, le guide Alain Payot et Rodrigue Passy, le gardien.

Visite de sécurité au refuge de la Charpoua (refuge des Drus géré par la Compagnie des guides).

Je n'ai pas le temps de dire cela à Alain dont je surveille chaque mouvement, ceux des pieds surtout. Nous arrivons au bas du premier couloir et suivons une vague côte mixte. Je m'applique à passer la corde derrière les blocs de façon à pouvoir assurer efficacement Alain si besoin est.

Nous prenons pied sur une vire inclinée et nous dirigeons vers le *colu* gris où j'assure Alain jusqu'à ce qu'il se trouve à bout de corde quarante mètres plus bas. C'est tout sec, on doit donc désescalader avant de s'accrocher à un bec rocheux à l'abri des pierres à gauche.

Je rejoins mon compagnon aussi vite que possible. Nous faisons quelques mètres ensemble et nous rendons compte que la « selle » est en glace. Nous la contournons par la gauche, passons par la « demi-lune » au ras des rochers et revenons à droite vers la pente surplombant la rimaye. Celle-ci est cramponnable et la rimaye facile par un crochet sur le côté, tant mieux !

La fatigue se fait sentir, il faut tenir bon jusqu'au bas des pentes où nous sommes encore dans l'ombre. Derrière nous des voix se font entendre, des cordées font des rappels sur le rocher à droite du couloir gris. Nous buvons un dernier coup de thé avant de suivre la trace sur le glacier du Tour, au bas des aiguilles du Passon.

J'ai repéré la veille que le passage était encore bon sur le glacier. Alain commence à sentir la fatigue, c'est normal. L'effort a été soutenu. Maintenant nous enfonçons !

Avant treize heures, nous sommes au refuge et prenons une boisson avant de redescendre au col de Balme et dans la Vallée.

–Je suis très content, me dit Alain, je crois que je vais bien dormir.

– Il faudra que tu changes de chaussures pour faire d'autres courses, tu seras moins mouillé.

Et j'ajoute :

– Tu as bien commencé la montagne, il va falloir continuer.

Tandis que nous arrivons au village du Tour, le soleil éclaire encore le sommet du Chardonnet, l'une des belles montagnes du massif.

Les cristaux du col du Tour

En 1964, je suis surveillant au collège de Bonneville. Avec Claude Jager et mon frère Jacky, nous faisons une tentative hivernale à la face nord de la pointe d'Andey. Que de neige ! Nous redescendons et nous ne retrouvons pas notre matériel à Solaison, embarqué par le garde-champêtre !

Nous grimpons souvent aux Afforêts près de la Roche-sur-Foron, aux Contamines ou dans le secteur de « la Pierre aux fées » à Reignier. Les copains de grimpe sont Jacques Martin, de La Roche, Jacques Sebben, dit « la Rouille » parce qu'il est roux, Jean Murat, prof de gym au Fayet, son collègue Pierrot Mandrick et Roger Fournier, aspirant guide à Argentière.

Roger, mon frère et moi avions ouvert une voie au col du Tour l'année d'avant et y avions trouvé quelques pointes de quartz. Roger me propose d'aller aux cailloux dans ce même secteur avec beaucoup de cordes et une équipe d'appoint.

Nous partons du Tour à huit heures du soir, il pleut puis il neige. Nous refaisons la *châle* sur la moraine et arrivons à Albert-Ier avec « la Rouille ». Jean Murat et Pierrot Mandrick suivent deux heures plus tard.

À cinq, le 2 mai, nous partons pour un parcours que Roger connaît bien au bas du col du Tour Supérieur. Roger, Jean et moi sommes reliés à la même corde. Sa voie fait cinq longueurs avec du IV et du V jusqu'à une brèche. Il neige de nouveau. Qu'est-ce qu'on fait là ?

Nous effectuons un rappel de trente mètres à l'ancienne jusqu'à un relais exigu où nous resterons trois heures.

Pierrot et « la Rouille » attendent en bas pour diriger les manœuvres.

Jean Murat se propose pour descendre le premier, toujours à l'ancienne, en effectuant un rappel de plus de soixante-dix mètres. Nous l'assurons à l'aide d'un troisième brin de corde. « Ceux du bas » nous crient que c'est bon. Il neige de plus belle et le vent se lève. Ça caille, brrr !

Jean descend tranquillement et se trouve loin du « four » convoité parce qu'il est sous un surplomb. Il récupère de justesse quelques pointes en se balançant puis reprend la descente, les cordes lui sciant la cuisse. Il tournoie dans les airs jusqu'au bas de la soufflure ! La configuration du terrain nous empêche de nous arrêter au « four », aussi faudra-t-il revenir et changer de méthode.

Roger et moi décidons de remonter le rappel de ce matin après avoir balancé deux cordes en bas et récupéré un maximum de matériel. Ça caille de plus en plus.

Roger remonte la fissure-dièdre du dessus jusqu'à la brèche. Je le suis avec le sac plein de matériel mais sans cristaux.

Les manœuvres bonnes ou fausses ont été nombreuses pendant ces trois heures et je trouve dure la montée qui suit en V+/VI jusqu'à la brèche. Des rappels faciles nous ramènent au glacier où nous nous enfonçons jusqu'aux genoux.

Vers dix-neuf heures nous sommes à Albert-Ier et aux voitures à vingt et une heures. Nous n'avons que quelques pointes mais elles ont un prix : celui d'avoir été en montagne ensemble et de nous être liés d'amitié.

Le refuge d'Argentière

Le refuge d'Argentière est magnifiquement situé au-dessus de la moraine du glacier à 2 770 mètres. Il a été reconstruit dans les années 1970, mais malheureusement pas comme on l'aurait souhaité : à l'image de celui de Trient, revêtu de pierre, matériau du lieu, et avec un toit à deux pans, il aurait mieux résisté au temps et aux caprices de la météo. C'est maintenant un « fantasme » d'architecte avec ses dortoirs sombres aux toutes petites baies et ses parois inclinées retenant la neige au nord, empêchant de voir les montagnes au sud.

Déjà, l'ancien refuge habillé de tôles claquait à tous les vents : c'était un frigidaire organisé ! tout en longueur avec le même emplacement pour les toilettes. Heureusement, pour nous qui le fréquentions souvent, des gardiens sympathiques se sont succédé dans ces cabanes. Roger Simond, du Lavancher (« Roger à

Benoît ») avec Irène sa femme, leurs filles Ginette et Nicole montaient passer l'été là-haut avec leur chèvre blanche pour le lait. Roger faisait le guide, surtout à skis au printemps, Irène, gardienne, accueillait les alpinistes sans se laisser déborder, dynamique et positive, tandis que leurs filles aidaient à la vaisselle et au service. J'ai un bon souvenir de cette famille qui gardait le refuge, puis l'hôtel de Lognan ensuite.

Les Montessuit leur succédèrent ensuite pendant une quinzaine d'années (Fernand et Hélène) avec leurs fils qui nous prêtaient leurs jumelles pour regarder les alpinistes en face dont le grand Messner lui-même, au Triolet avec son frère, il devait avoir moins de vingt ans. Daniel Burnier fit l'intérim avant de disparaître, hélas, au couloir en Y en 1970. Colette laissa le refuge où Jean-Charles reprit le flambeau pendant la construction du nouveau refuge, dont j'ai déjà parlé et qui vieillit mal.

Puissent les instances dirigeantes se rappeler à l'avenir qu'un refuge c'est important pour l'alpiniste, pour le guide qui peut y passer jusqu'à trente nuits. Il faut faire de petits dortoirs bien éclairés et éviter les grandes tablées, car même en refuge, on a envie de se sentir un peu chez soi, avant d'aller en course le lendemain.

Cette année 1977, Jean-Charles me reçoit souvent au refuge d'Argentière parce que ce coin de paradis est un peu comme mon jardin d'altitude. C'est trois ou quatre fois de suite que je gravis le couloir Chevalier à la Petite Verte avec Micheline, ou Nicole qui marche vite. Ensuite, c'est le Nant Blanc à la Verte avec Herbert, puis la nord-est des Courtes avec Jacques Pézeril, en excellentes conditions. Mon ami Giorgio Bertone se tue ce jour-là en avion au Tacul. Je remonte au refuge avec

Pierre Darlot, mais renonce aux Courtes, c'est trop doux...

En août, Herbert et moi réussissons le Triolet dont la face nord malgré les conditions moyennes, est surpeuplée : nous y sommes plus d'une dizaine. Nous faisons ensuite le Rognon de la Verte que Jean-Paul Charlet voudrait qu'on appelle « la Pyramide d'Argentière », puis le Couloir en Y en excellentes conditions avec Jacques et Michel Prétezeille. « Kanary » est juste derrière nous avec un client.

Je passe décidément beaucoup de temps dans ce coin, puisque je reviens faire le Rognon de la Verte par la gauche avec Jean Franck et les Pézeril. Le lendemain nous répétons la voie que j'avais ouverte avec Paul Raddat au Plateau, « la Diagonale ». Deux jours plus tard, j'y reviens avec mon fils Christophe et Raymond Bouchard, un cousin lyonnais. Ce dernier nous attend au refuge car il n'a jamais fait d'escalade, pendant que Titou et moi faisons l'arête des Oreilles de Lapin à toute vitesse. Mes compagnons descendent tandis que j'en attends deux autres au refuge où ils arriveront à une heure du matin à pied d'en bas. Pierre Darlot et Henri Biondi se posent et roupillent jusqu'à sept heures trente du matin.

Le temps est superbe et bien qu'on soit début septembre, il fait chaud. J'avais repéré une arête conduisant à une aiguille au-dessus du refuge à droite où le rocher avait l'air sain et sympa. On est obligé d'y aller... Nous sommes à droite d'un couloir étroit qui nous sépare d'une voie ouverte par les guides Christian Mollier et Jean-Marie Germain au sommet d'un névé dur comme les névés de fin de saison. Une rude et courte fissure sur la gauche m'amène à une terrasse où j'étais déjà monté la veille.

Ça démarre fort ! Suit une belle longueur assez engagée où les pitons tiennent mal ; mes compagnons me rejoignent facilement. J'utilise pour la première fois de ma carrière de gros coinceurs qui s'incrustent pile dans la fissure du relais derrière une protubérance. C'est aérien, sympa, le rocher est bon, l'ambiance agréable. Nous ne sommes qu'à quinze minutes du refuge.

La suite est évidente quoique parfois délicate, la voie est sûre, le relais, quarante mètres plus haut, n'est autre qu'une terrasse fleurie quatre étoiles, avec vue sur le glacier des Améthystes. Nous sommes très contents et étonnés que ce parcours évident n'ait pas eu de visite plus tôt. Deux longueurs faciles donnent ensuite accès au plus beau morceau de la course : « les cannelures ». En cinquante mètres d'escalade sublime, nous les surmontons le long d'une arête où l'on peut mettre des coinceurs.

Nous sommes au-dessus du glacier aux lames de glace bleutées qui scintillent au soleil. Quelques blocs de granit glissent et tombent à grand fracas sous le Minaret que nous avions escaladé l'an dernier par son raide éperon sud-est. La suite est de toute beauté, le rocher excellent, le moral au plus haut.

Nous montons sur une lame qui semble fragile pour prendre pied dans la fissure rébarbative d'en face et après quelques mouvements sommes sur le gendarme suivant, d'où nous descendons sur un bloc coincé. La corde a tendance à se bloquer derrière une encoche, attention ! Nous franchissons un deuxième gendarme et nous retrouvons dans une brèche où Pierre découvre de beaux brins de génépi.

À notre gauche, un bruit nous intrigue : un chamois qui a dû passer la brèche, traverse un genre d'amphithéâtre et disparaît tout tranquillement comme il était venu. Nous continuons par des longueurs en terrain parfois friable vers la pointe supérieure de ce chaînon et redescendons à la brèche sud du Plateau, premier bastion important de l'arête du Jardin à l'aiguille d'Argentière.

Nous avons fait quatorze longueurs dont les huit premières sont très belles, la suite étant moins intéressante. Nous repassons au pied de cette « arête du Génépi » avant de revenir au refuge vers seize heures. À vingt heures, nous serons à Argentière avec une première de plus dans le sac et quelques brins de cette célèbre armoise des Alpes… Le cirque d'Argentière est vraiment mon jardin…

D'argentière, la face nord des Courtes par la voie des Autrichiens

Fin juillet, je reviens de la face nord de l'aiguille d'Argentière avec Pierre Darlot, Ritton Biondi et Pierre Trappier. Partis d'Albert-Ier nous sommes à neuf heures au sommet. La neige n'est pas très gelée. Un autre guide, skieur de fond de surcroît, fait la même course que nous ; il s'agit de Claudon. Nous nous assurons pour la descente puis courons jusqu'à Lognan où nous arrivons à onze heures trente ! Quelle vie ! L'après-midi je monte à l'aiguille du Goûter avec deux personnes et prends l'orage ! Nous redescendons le lendemain après avoir fait le dôme dans la tempête.

Le surlendemain, je ronge mon frein dans la falaise du Fayet avec Otmar. Nous grimpons à Servoz en remontant : il pleut !

Le jour d'après nous allons Otmar et moi à l'éperon sud de la Grande Floria et aux Crochues. Nous ramassons des champignons en descendant.

Le lendemain, par temps gris, Jean et Doris Sironneau m'accompagnent au Rognon de la Verte. Cette sympathique escalade nous divertit tandis qu'une cordée s'attaque au couloir Cordier à la Verte ! Jean et Doris rentrent seuls, je vais dormir au refuge où Herbert me rejoindra. En fait, il arrive avec Otmar et Jean-Franck Charlet. Belle équipe !

Le lendemain nous répétons la voie du Génépi, dans le contrefort de l'arête du Jardin à l'aiguille d'Argentière. Comme aurait dit Gaston : « C'est une escalade de récréation. ». Nous l'effectuons sans difficulté notoire :

– C'est mieux qu'au Fayet ! lance Otmar.

Le rocher est une belle protogine ocre recouverte d'oxyde ferrique.

Quelle varappe !

Pour aujourd'hui ça suffira car demain nous irons aux Courtes. Jean-Franck et Otmar formeront la cordée des jeunes, Herbert et moi celle des moins jeunes.

Jean-Charles, le gardien du refuge, nous réveillera à minuit, la nuit sera courte.

Nous dormons après nous être restaurés copieusement et partons à la frontale « comme d'hab ». Nous dévalons la moraine, traversons le glacier et arrivons bientôt au pied de notre face.

Jean-Franck part devant suivi d'Otmar. Les longueurs s'enchaînent dans la nuit, toutes plus raides les unes que les autres dans la première partie. Je pense alors que c'est plus raide que la face nord du Triolet, mais sans chute de séracs possible.

Nous nous retrouvons sur de minces pellicules de glace recouvrant le rocher. Ce n'est pas le meilleur itinéraire, mais de nuit nous allons en aveugle à la force des jambes et des bras. Nous n'avançons pas ensemble et « tirons des longueurs » pour une meilleure sécurité. La vitesse évidemment s'en ressent, mais nous n'avons guère le choix.

Nos piolets ne valent pas ceux que nous connaîtrons plus tard, le moral compense.

Nous atteignons enfin des lieux plus hospitaliers. La côte médiane jalonnée de blocs a un aspect sympathique. Le jour s'est levé, il nous semble que nous sortons d'un véritable trou d'ombre.

La fatigue se fait sentir après ces passages parfois exigeants de la première partie, notre allure ralentit. Jean-Charles nous observe à la jumelle, des nuages nous enveloppent, Jean-Franck arrive à la cime. Nous, les plus anciens, avançons moins vite. À quatorze heures trente nous sommes réunis au sommet des Courtes pour une pause-photo. Herbert me dit que c'est une belle course de glace. Oui, c'était en glace !

Nous descendons par la voie normale jusqu'au glacier de Talèfre et négligeant le refuge du Couvercle passons par « la Pierre à Béranger ».

Nous sommes bientôt sur la Mer de Glace et arrivons au Montenvers à vingt-et-une heures, bien fatigués.

Nous décidons de filer à Chamonix par la voie ferrée. Nos lampes sont aussi fatiguées que nos jambes dans les tunnels du train et c'est fourbus que nous nous couchons après vingt-trois heures. C'est une course complète.

Le lendemain je remonte au refuge d'Argentière avec Doris, mais l'orage nous empêchera de faire l'arête du Génépi. Deux jours de mauvais temps nous permettent de récupérer avant de poursuivre nos rêves…

Orny :
lieu de grimpe en montagne

Autrefois, le refuge était situé au débouché de la combe d'Orny quand on la remonte depuis Som la Proz en face et au-dessus de la Tête des Chevrettes. Emporté par une avalanche, il a été reconstruit deux cents mètres plus haut sous une arête de l'aiguille d'Arpette.

Nous y montons par la Breya et son télésiège environné d'arolles où piaillent les casse-noix mouchetés pendus aux cônes de ces arbres touffus.

Le chemin traverse plusieurs couloirs fort raides fuyant vers la combe d'Orny où court le ruisseau appelé « le Darbellay ». Ce sentier monte assez régulièrement de biais, croisant celui qui vient directement d'Arpette après avoir franchi la crête au-dessus. On marche de bloc en bloc, de dalle en dalle au milieu de petits pierriers environnés d'herbes longues et piquantes comme celles du Val Veni quand on part à la Noire ou à Gamba…

Nous arrivons au replat sous une paroi lisse au sommet arrondi où des voies ont été tracées, c'est « le Plan de l'arche ». Des marmottes sifflent au pied de la muraille tandis que deux gros bouquetins mâles traversent un couloir terreux à gauche.

Pierre et moi nous octroyons une halte casse-croûte. C'est bon pour le moral. Il me raconte ses premières avec René à Platé, à la Corne de Chamois dans le Tenneverge, au pic de Bure et bien sûr au Huandoy avec Salomon, Christina Lemrich, Pierre Ottman, Pierre Perry et Xavier Chappaz.

– J'avais vingt ans de moins et prenais le temps de m'entraîner, me dit-il, maintenant je bosse comme un fou et avec les gardes le week-end, j'ai perdu la condition ; heureusement qu'il y a la chasse, la Sainte Victoire, les Calanques et le Chaillol en hiver.

On mange, on boit, on repart, le sentier en lacets permet d'arriver à la moraine sableuse du glacier d'Orny. De l'ancien refuge, il ne reste que les W.-C., en contrebas d'un gendarme trapu où a été ouverte la voie des « Trois surplombs » que j'avais escaladée avec Marie, il y a quelques années. Je lance :

– Regarde à gauche le Petit Clocher du Portalet ! C'est dur de tous les côtés ! Quelle allure !

Nous suivons la moraine et parvenons rapidement à la cabane d'où Raymond Angelloz le gardien me lance :

– Tu vas bien ou bien ?

Devant un plat de *röstis* et une bouteille de dôle, nous discutons du programme à venir. Le temps est couvert. Nous allons faire de l'école derrière le refuge.

Nous sommes dans un mur vachement raide, surmonté d'un toit ; il neige ; je finis par sortir. Pierre me suit en mettant des sangles, il a la manie de se vacher à chaque clou, c'est sûr mais ça prend du temps. Il sort du surplomb sous des rafales de neige ! Quel temps ! Nous plions bagages et revenons au refuge où Patricia m'appelle :

– Téléphone !

C'est Marc qui me demande si j'ai le topo de l'Oberland et combien il y a de fraîche à Orny.

René Mayor, guide très connu en Valais, avec qui de surcroît je suis conscrit, fête son anniversaire. Patricia nous apporte une bonne bouteille. La soirée sera longue, la nuit sera courte.

Nous parlons des guides qui ont le même âge que nous : Pierrot Cretton, Aloïs Piparmer, de Vent en Autriche, Jean Gaudin, Camille Bournissen ou Bernard Ravanel, dit « Binet des Îles », comme moi. René nous parle de sa jeunesse, des « Taborniauds », ces grimpeurs non conformistes du « Creux du Van » en Jura Suisse…

Pierre reparle du rocher pourri de la Corne de Chamois et de la bouteille laissée au sommet par Armand Charlet qui en avait réalisé la première avec E.R. Blanchet. Quel culot il avait à l'époque ! Quand ils étaient arrivés en haut avec René Desmaison, Deudon et « Du mou sur la rouge », alias Delaunay, l'un d'eux fit s'écrouler le surplomb sommital. Eux aussi avaient eu du culot ! En plus ils avaient fait « le Pas noir » à la montée comme à la descente, au-dessus de la fameuse cascade « la Méridienne » dans le non moins fameux cirque du « Fer à cheval ». Je dois à mon tour leur raconter mon aventure aux Dorées où j'ai eu la *baraka* il y a peu de temps.

Nous avions escaladé l'arête sud de la Sans Nom avec deux de mes clients, belle voie assez facile en bon rocher où Walter Josi a remis des spits pour la sécurité. Nous étions au sommet avant midi, le temps était beau et le premier rappel installé au-dessus du dièdre Copt quand j'ai eu un doute. Est-ce à droite versant sud ou à gauche ? Je suis bien au bon piton avec maillon et commence à descendre plutôt versant Trient, c'est précisément ce qu'il ne faut pas faire.

Je demande alors à l'un de mes compagnons de m'assurer sur l'autre corde au cas où… C'est un rappel court, d'une vingtaine de mètres qui doit m'amener sur une terrasse. Comme nous avons deux cordes de cinquante mètres j'en ai mise une dans l'anneau, mais le milieu n'étant pas marqué, le relais exigu, je l'ai lancée au pif… Je commence donc à descendre dans une fissure en gorge avec surplomb et tournoie dans le vide quand ma descente est stoppée net !

– La corde d'assurance est coincée !, me lance le compagnon qui m'assure, il faut que tu remontes !

Pour le moment je pends sans pouvoir descendre sur le rappel, retenu donc par la corde qui m'assure puisqu'elle s'est figée dans la fissure où elle est bloquée.

J'essaie de monter à la force des bras et redescends : elle est toujours coincée ! Ma position est très inconfortable. Je remonte un coup et entends :

– Ça y est elle est décoincée !

Ouf ! je continue à descendre quand tout à coup je file vers le bas à la vitesse grand V : l'un des brins est remonté et je me retrouve à plat-dos sur mon sac, le souffle coupé. Je râle un moment puis reprends mes esprits, mon souffle aussi. Je suis un peu étourdi et ai mal à la cage thoracique. Au bout de quelques minutes, je leur crie :

– Ça va mieux, vous allez pouvoir y aller !

Je fais l'inventaire des lieux. Je suis sur la bonne terrasse, le sac a amorti le choc, le piolet ayant complètement troué la grande poche d'où sortent les affaires. Je n'ai pas de casque bien sûr, mais la tête n'est pas touchée…

En fait, le rappel n'avait pas été égalisé, et je n'avais pas fait de nœud au bout des deux brins, d'où la remontée d'un brin. D'autre part je n'ai plus été assuré après le premier incident d'où la chute irrémédiable C'est un sérieux avertissement sans frais que j'ai à plus de soixante ans : inadmissible…

Mes compagnons descendent après que j'ai pu égaliser le rappel et dès lors des incidents s'enchaînent : le rappel se coince lui-même, on le coupe avec un couteau attaché au sac de l'un de nous. On a maintenant une corde trop courte pour les grands rappels, donc on retraverse les Dorées. Je suis énervé, me trompe plusieurs fois de vires et nous arrivons finalement au col Droit où des chaînes indiquent de nouveaux emplacements de rappel que je ne connais pas. Je surmonte une tour, descends derrière, reviens et opte finalement pour une descente sur des pitons douteux, des écailles jusqu'au glacier qui a baissé. Nous marchons encordés car les « ponts » sont plus nombreux qu'on ne croit sur ce glacier d'Orny. On nous a vus, le téléphone a fonctionné : nous sommes sains et saufs. Il est tard et la descente a pris plus de temps que la montée. J'ai eu beaucoup de chance puisque comme le dit Xavier :

– Tu es là pour le raconter.

Pierre me lance :

– J'espère que ça ira mieux demain.

Nous allons nous endormir avant d'affronter la voie du « Bon accueil », demain, au soleil et sans rappel scabreux !

Nous traversons le pierrier qui mène au départ de cette voie exposée au soleil dès le matin. Nos pieds s'enfoncent dans la neige qui se ramollit et c'est avec les chaussures trempées que nous remontons la pente d'éboulis aboutissant au premier relais, équipé d'un gros piton à anneau faisant penser au *lin* d'autrefois où l'on attachait les bêtes. Nous mettons les baudriers, changeons de chaussures et affrontons aussitôt « à froid » le rude départ donnant accès à la dalle du dessus. Quel accueil !

Ensuite il faut « ramoner » une cheminée déversante avant de prendre pied sur un bloc détaché de la paroi. Je tire le sac avec la seconde corde, c'est plus commode, *idem* pour le sac de Pierre qui aimera plus la suite de l'escalade, c'est sûr, car elle est en dalle.

Du relais nous nous élevons par de paisibles longueurs en bon rocher sur deux cents mètres environ jusqu'à une vire horizontale. Le terrain est bon, l'ambiance agréable, le ciel dégagé. Nous posons les sacs et filons vers le gendarme qui surmonte la voie du « Capucin ». C'est très aérien, mais « comestible », de plus les pitons sont assez bien placés au-dessus de la terrasse. C'est juste la course qu'il nous faut après la neige et la « course » d'hier. Nous redescendons « le Capucin » en rappel, revenons à nos sacs et par un petit couloir terreux et le pierrier, retournons à notre départ de tout à l'heure, puis au refuge.

Nous sommes seuls avec les gardiens qui attendent un groupe de jeunes encadrés par Gérald Vaucher et ses collègues du canton de Vaud.

Nous repartons vers le bas, vers la Breya, Champex et Argentière, heureux de cette récréation valaisanne. Nous reviendrons chez Raymond, guide encore très actif qui bouge beaucoup, au Népal, en Amérique du Sud et au Maroc sans pour autant avoir perdu son sens inné de l'accueil et de la convivialité.

Les refuges du Couvercle et de Leschaux Traversée des Courtes

Cette course mixte se fait au départ du refuge du Couvercle. La montée à ce refuge est toujours longue, même par les Égralets. Au-dessous du Montenvers atteint par le train rouge, la Mer de Glace a encore baissé. Le service des sentiers de la Mairie a dû rajouter une échelle qui n'a pas moins de cent quatorze barreaux ! Les glaciers fondent, s'amincissent comme au Moyen Âge. On va pouvoir agrandir les jardins en altitude !

Jean-Louis et moi remontons le long de la trace blanche qui sillonne le bas du glacier sur plus d'un kilomètre : les crampons des nombreux alpinistes s'enfonçant dans la glace impriment comme un chemin qui louvoie entre les multiples crevasses, véritable serpent de mer remontant vers l'est en direction de l'aiguille du Tacul et des Jorasses.

Au bout d'une demi-heure, nous entendons gronder l'eau des « Moulins » qui plonge en tourbillonnant dans le centre du glacier. Nous découvrons même un « pont » très fragile où il serait imprudent de s'aventurer.

– Fais-gaffe ! dis-je à Jean-Louis qui s'en approche avec son appareil photographique.

Poursuivant le long des bandes noires appelées « Courbes de Forbes », nous repérons des ferrailles et repensons à cet accident de 1961, lorsqu'un avion de chasse avait sectionné l'un des câbles du télécabine de la Vallée Blanche. Je revois encore ces corps humains projetés au bas du Gros Rognon. J'étais militaire à l'EHM. Cette école nous avait envoyés en secours. Quelle sinistre besogne !

Il ne reste plus aujourd'hui que ces câbles rouillés que l'on enlève çà et là. Dans dix ou vingt ans, il en restera encore. Les glaciers sont une mémoire vivante du passé. Je pense à Christian Mollier qui avait effectué une périlleuse descente de la cabine où il se trouvait jusque sur le glacier.

Laissant ces souvenirs, nous traversons la moraine où il fait chaud et parvenons au pied des Égralets. Ici, il a fallu modifier l'itinéraire et rajouter des échelles pour atteindre les pentes gazonnées qui soutiennent la Tête du Couvercle. Quel boulot ! C'est raide, mais confortable. Nous croisons des alpinistes qui redescendent du refuge. Les bras sont mis à rude épreuve. Bientôt nous sommes au sommet de la falaise, ouf !

Des points noirs se déplacent sur le glacier de Leschaux près de deux cents mètres plus bas. Deux hermines filent nez contre queue entre les blocs qui recouvrent le replat herbeux. Le glacier de Talèfre s'est raccourci aussi découvrant de belles dalles inclinées où il y a plusieurs décennies Armand, Jeannot et « le Foué » avaient dégagé un « four » à beaux cristaux transparents. Il se pourrait bien que Monsieur Piola ouvre de nouvelles voies dans ces dalles claires non loin de « la Pierre à Béranger », qui sait…

Des marmottes dévalent vers leurs trous lorsque nous parvenons à la moraine d'où l'on voit les deux refuges : l'ancien, recouvert d'aluminium sous son couvercle protecteur, le nouveau, avec ses volets bleus, à gauche, à l'aplomb du Chien Rouge et des dalles du Moine. Nous y parvenons par quelques lacets et un dernier escalier de pierre. Quel paradis !

En face, les Jorasses surplombent le glacier de Leschaux et celui du Mont-Mallet aux multiples crevasses. Des travaux s'effectuent pour doubler le volume du refuge de Leschaux situé sous les aiguilles de Pierre à Joseph et de Talèfre. Mickey en est le maître d'œuvre. Une arête hérissée de pointes file vers le nord-est avec l'aiguille de Savoie, la pointe Isabelle et le Triolet. Vers la gauche l'arête des Rochassiers et les aiguilles Mummery et Ravanel surplombent le col des Cristaux où nous passerons demain.

La traversée des Courtes a l'air acceptable, sauf la pente glacée qui arrive sous la Tour des Courtes. Nous verrons bien. Un guide de la Compagnie qui a fait le Moine redescend avec son client.

Michel nous accueille avec son personnel, essentiellement de Servoz, dans la cuisine tout en longueur du refuge. Celle-ci n'a pas beaucoup changé depuis que j'étais porteur en 1958 ! Dans la salle, de nouvelles tables et de nouveaux bancs de bois accueillent les consommateurs.

Le gardien me fait visiter les dortoirs qui ont été réaménagés et le local technique du bas qui me laisse pantois ! Les W.-C. ont été changés contre des waters à la turque, on ne peut donc plus s'y asseoir lorsqu'on est crevé après dix ou douze heures de marche !

Dehors il y a peu de monde sur la terrasse qui a l'air de tenir le coup depuis la réfection du refuge.

Plusieurs gardiens se sont succédé ici, réveillant les cordées pour la Verte ou le Moine : Ravanel et son fils Arthur, « Arthur à Palon », qui a inauguré le nouveau refuge ; Clément Comte et Alexis Caux pour qui j'ai « charrié » il y a bien longtemps ; puis Clément Hugon quelques années, ensuite Gilberte Maerten et Ulysse Borgeat son frère ; Régis Mugnier, du Tour, enfin, dans les années soixante-dix–quatre-vingts, lui qui a encore la nostalgie du Couvercle. Maintenant c'est Michel Tavernier qui est le gardien de ces lieux depuis plus de quinze ans. Il porte un nom prédestiné.

Nous faisons une sieste et descendons pour la soupe en même temps que quelques cristalliers qui parlent quartz, peignes et fluorines. Un guide de Courchevel arrive puis un autre de Maurienne travaillant en renfort pour la Compagnie. C'est l'occasion de parler de René Collet originaire de la Toussuire, vivant près de Thonon.

Yves Berneron, des Contamines, habitant Val-Cenis, ressort dans les discussions que j'ai avec ce guide qui porte le nom de Carquillat. Yves était au collège de Bonneville, il préparait sciences ex tandis que j'étais en maths élém. Il était bon skieur et connaissait parfaitement la faune et la flore alpines.

C'est lui qui m'a dit plus tard que Jean-Noël Roche –le père de Zébulon– était le guide de la Haute-Maurienne qui attaquait le plus. Nous apprendrons tous le décès de « Pap's » le lendemain au Cervin. Le métier de guide est un métier à risques.

–Nous nous lèverons tôt demain, car nous sommes vieux et lents, dis-je à Michel.

Dans le dortoir numéro six, seuls et tranquilles, nous dormons à poings fermés. Vers une heure et quart du matin nous filons dans la salle et petit-déjeunons. C'est copieux : pain, beurre, miel, confitures, jus de fruit, thé ou café au lait.

Avant deux heures, nous passons sous le vieux refuge. Un campeur a dressé sa tente sous un bloc : un cristallier non inscrit au CAF ! écolo de surcroît !

La nuit est d'encre : nos frontales nous permettent de repérer le chemin qui conduit au glacier de Talèfre. L'eau coule sur des dalles que l'on redescend à reculons. L'accès au glacier est rendu difficile par de gros blocs ronds et instables surmontant des trous noirs profonds ! Nous glissons sur le glacier et mettons les crampons avant de rejoindre le bas du Jardin de Talèfre. Les « grappes » nous font perdre du temps sur les nombreux cailloux qui recouvrent le glacier.

Des frontales nous doublent, font un détour et se retrouvent derrière. Les autres cordées mettent à leur tour les crampons et partent devant nous vers la droite. Je choisis de filer droit puis à gauche avec Jean-Louis. C'est de la glace raide, mais ça passe bien, nous retrouvons même une vieille trace qui mène à la rimaye du couloir au-dessus. Nous sommes les derniers : normal vu notre âge !

Ayant franchi la rimaye très facile du couloir issu du col des Droites, nous tirons à droite pour suivre l'éperon bien marqué qui borde le couloir, afin d'éviter les chutes de pierres. Nous montons tranquillement jusqu'aux rochers rouges qui bordent l'autre couloir venant de la Tour des Courtes. La trace est à peine visible, la neige devenue grise laisse présager des parties en glace. Nous n'avançons pas ensemble et faisons quatre courtes longueurs en s'assurant au piolet sur les côtes neigeuses. Comme à l'école, nous nous autoassurons au cabestan et prenons garde à l'autre, en avalant la corde pour moi, en la lâchant pour Jean-Louis. Nous arrivons enfin au col où le soleil nous accueille. Il fait chaud. La trace, à part quelques mètres de glace est convenable jusqu'au sommet où les autres sont assis. Il n'y a personne, ni dans la voie des Suisses, ni dans la voie des Autrichiens. Les conditions se détériorent rapidement avec ce temps lourd. Des pentes fuyantes filent vers le bas du glacier d'Argentière qui fait avancer ses gros cailloux arrachés à la montagne, il y a quelques années. Il n'y a personne à l'aiguille d'Argentière. Le refuge est encore dans l'ombre. Un hélico vert passe lentement et tourne autour du sommet des Droites avant de filer vers les Jorasses.

Nous avançons vers l'aiguille du Chenavier en *châlant* pas mal de cailloux avec nos crampons. Nos sacs se coincent dans la « boîte aux lettres » où un anneau permet de descendre un pas délicat. Nous rattrapons une cordée de deux au pied de l'aiguille Croulante où de petits cristaux couleur miel sont logés çà et là au gré des « fours » et des plaques. La montagne a ses trésors ! Nous avançons sous l'aiguille Qui Remue, versant Argentière en faisant attention à la neige molle, passons la corde dans un mousqueton la reliant à l'unique piton de la course et revenons à l'arête faîtière.

Des souvenirs surgissent : Roger Fournier photographié dans le coin avec Jean-Paul Charlet par Roland Gay-Couttet. La fameuse descente faite par erreur avec Bernard dans la pente nord du glacier de l'aiguille Qui Remue. Quelle aventure ! Ou encore le crampon qui s'en va dans le passage verglacé avec Michel Werl, il y a quelques années. La vis ayant foutu le camp, j'avais coupé le cordon de mes jumelles pour rattacher les parties mobiles de mes crampons. Au relais suivant, Michel m'a sorti une vis et un écrou de son sac : j'en suis resté baba !

Nous coupons sous le col des Cristaux où l'autre cordée s'est arrêtée. En face les aiguilles Ravanel et Mummery avec leurs rochers gris, leurs écailles, leurs dalles altières, presque impressionnantes. Je suis aux antibiotiques, peut-être atteint par la fièvre Q qui sévit à « Cham » cet été (mais je n'en suis pas sûr), toujours est-il que ça va mieux pour moi à la descente qu'à la montée.

Nous enfonçons dans les vieilles traces, contrôlant nos pas et parvenons enfin sur le glacier cinq cents mètres plus bas par des dalles, des vires terreuses et une rimaye, en revenant à gauche d'un couloir issu de l'arête faîtière. En cette année sèche, il n'y a que peu de neige recouvrant le glacier sillonné de belles crevasses, voire de cathédrales !

Reprenant les bâtons de ski et « le Pas de la lotte », nous revenons d'abord en crampons sur le replat du glacier de Talèfre. Débarrassés de ces objets métalliques lourds, mais utiles ce matin sous le Jardin de Talèfre, nous atteignons le petit chemin et l'ancien refuge du Couvercle. Je fais remarquer à mon compagnon quelques plans de myrtilles sans fruits à cinq minutes du refuge. Le nature nous réserve des surprises !

Jean-Louis est content, la course est réussie. Nous mangeons, buvons un coup, refaisons le sac et filons tranquillement vers les Égralets et le Montenvers. Nous croisons deux jeunes guides de Chamonix : Cretin et Bertolino qui iront au Moine demain. Il y a plus de quatorze heures que nous sommes partis. C'est bien, dis-je, pour un gars de soixante-sept ans et un autre de soixante-quatre.

Les aiguilles de Talèfre avec Daniel

Daniel Carrier, Michel Foulquier et moi montons au refuge du Couvercle ce 23 août 1989. Le temps est beau, sec même ; nous avons l'idée de faire deux courses. Nous sommes très bien accueillis au refuge et préparons notre sortie du lendemain : l'arête sud intégrale du Moine.

Les conditions sont bonnes et, coup de chance, Pierre Perry me propose de monter nos crampons au sommet du névé pour la descente. Ce que nous acceptons. Nous en profitons pour faire plus amplement connaissance.

Pierre a réalisé l'ascension du pilier Bonatti aux Drus en même temps que Marc mon fils et Frédéric

Devouassoux, dans un bon temps. Les deux cordées s'étaient bien entendues, c'est mieux ainsi. Pierre est très enthousiaste, on le sent plein d'allant, avec un bon physique bref un « guidos » qui va beaucoup en refuge dans le massif, en Oberland et en Valais. Nous partons en même temps que lui et ses clients le lendemain matin, eux pour l'arête sud normale, nous pour l'intégrale.

Michel Foulquier déborde de vitalité, il a envie de « bouffer » de la montagne. Daniel, électricien à Chamonix, chasseur de chamois est très à l'aise en tout terrain, toujours chargé d'un bon sac, comme à la chasse. Nous nous encordons et atteignons rapidement la brèche carrée avec sa pancarte métallique avant de suivre en biais, versant Couvercle, l'arête qui s'élève. Mes deux compagnons sont de solides gaillards, aussi nous lâchons rapidement les cordées qui nous suivent.

La redescente du premier gendarme nous donne quelques frissons de même que le rappel qui a toujours une fâcheuse tendance à se coincer. Cette fois je ne couperai pas la corde.

Nous sommes bientôt dans les longueurs situées en face ouest avec ce départ un peu exposé sous un petit auvent blanchâtre. J'attrape la cordelette qui le surmonte, elle est effilochée et semble peu solide, mais elle tient.

Du relais suivant je regarde l'arête qui à gauche est parallèle à la nôtre avec des bandes de quartz horizontales et de gros blocs empilés. Il semblerait qu'elle ait été gravie par des Suisses dans les années soixante. Elle a de la gueule.

Nous poursuivons par les feuillets plus faciles qui

ramènent vers l'arête sud normale et prenons une bonne suée.

Avant le fameux dièdre au bloc qui *locate* (qui bouge), nous cassons la croûte sur la vire. Daniel nous fait goûter le gâteau « fait par la maman ». Nous nous régalons.

Nous faisons le dièdre et en sortons en « ronchonnant » car le sac a tendance à se coincer. On serait mieux « en grosses » qu'en chaussons... Les dièdres et les fissures sont très nombreuses dans cette course plutôt athlétique. Par un autre dièdre malcommode sur un à deux mètres nous émergeons près du marteau à deux têtes que l'on voit de partout.

Ouf ! Comme au sommet des Égralets, mais pour d'autres raisons, nous évitons le petit mur qui fit tant de ravages dans les stages de guides ou d'« aspis » et filons au sommet. La vue sur les Drus est saisissante.

Nous redormirons au Couvercle ce soir et ne nous pressons pas trop. Deuxième casse-croûte plus léger puisque nous n'avons plus rien.

Michel voudrait bien redescendre à Chamonix ce soir. Nous suivons donc les traces de descente et en moins d'une heure arrivons à nos crampons et piolets laissés par Pierre. À l'aide de ces outils la descente du névé n'est qu'une formalité. Le petit sentier du matin nous conduit au refuge.

Michel file car il voudrait bien prendre le train pour ne pas arriver trop tard à Annecy ce soir. Demain, nous irons à Talèfre, Daniel et moi, lui pour voir les chamois, moi pour les cristaux. Je n'ai jamais été sur l'aiguille de Talèfre, encore une lacune à combler.

Coup de téléphone de Daniel chez lui pour dire de venir nous chercher en Italie demain dans le Val Ferret.

Nuit longue parce qu'on discute tardivement avec d'autres guides et les gardiens qui ont remplacé Régis.

Si tout va bien nous passerons par Dalmazzi où nous étions montés il y a quelques jours, mais depuis la Vachey avec Daniel, Madeleine et les trois sœurs Girard. Le mauvais temps avait contrarié nos projets et c'est vers le bivouac Comino que nous avions été nous balader avant d'avoir la pluie.

Nous traversons donc le glacier de Talèfre en direction des névés d'en face pour atteindre la brèche à 2842 mètres sur l'arête de Pierre Joseph. Nous suivons ensuite au mieux l'arête ouest des aiguilles homonymes. C'est un empilement de blocs qui devient parfois une pile d'assiettes. Certains blocs tout en longueur comme des aiguilles font des craquements inquiétants lorsqu'on marche dessus. Nous multiplions les précautions.

J'ai la trouille d'écraser Daniel qui est au-dessous. Nous trouvons de beaux cristaux mais les sacs sont déjà bien lourds ; nous en prenons quelques plaques que nous reposons plus haut, c'est trop de poids.

Le soleil inonde bientôt les pentes enneigées du glacier de Pierre Joseph à notre droite où détalent quatre beaux chamois. Daniel est content. Il n'a pas le temps de les filmer.

Nous surmontons les pointes successives de Pierre Joseph et par une arête neigeuse parvenons à la Petite Aiguille de Talèfre où nous trouvons des crottes de chamois. Décidément ! Nous sommes au-dessus de belles pentes de glace à gauche. Nous montons aisément au sommet de l'aiguille de Talèfre avec toujours des crottes de chamois.

L'après-midi est déjà bien avancé. Nous avons dû faire attention tout le long et le temps a filé sans crier gare. Il est plus de quinze heures ! La descente sur le glacier du Triolet n'est pas si facile qu'elle en a l'air. Nous n'avons pris qu'une corde courte, bien trop courte et sommes bientôt contraints de faire plusieurs petits rappels car les névés se sont retirés.

Il y a des cristaux mais nous n'avons pas le temps de nous en occuper, il faut arriver au refuge Dalmazzi ou du Triolet avant la nuit. En plus, la mère de Daniel doit nous attendre dans le Val Ferret ! Que de soucis !

Après avoir contourné un dernier rognon nous finissons par atteindre le glacier lui-même et repérons deux silhouettes à une demi-heure de marche. Le jour baisse sérieusement, des lampes s'allument au refuge qui nous hébergera cette nuit. Nous suivons la trace de nos devanciers et parvenons sur une moraine, suivons bientôt le chemin qui mène à la cabane. Ouf !

Nos lampes ne fonctionnent plus, nous n'avons pas de piles de rechange. Nous arrivons à quatre avec le jeune gardien qui vient de Cuneo. Il semble content de nous voir arriver et lorsque je lui explique notre itinéraire il me dit :

– Mais c'est très long ! Le chemin aurait été plus court par le col Savoie.

Je sais que les frères Ollier passent fréquemment ce col pour rentrer comme ils disent depuis le Couvercle quand ils ont fait la Verte ou autre chose. Nous, nous voulions faire cette arête et l'avons faite, mais qu'elle est longue !

Ça nous a fait plus de deux kilomètres d'arêtes après l'intégrale du Moine de la veille. Heureusement, Daniel est solide. Maintenant il s'inquiète pour sa mère qui sillonne sans doute le Val Ferret avec sa R5 rouge. En plus le téléphone ne fonctionne pas : la poisse.

Il aurait fallu la prévenir. Soudain, deux autres personnes arrivent au refuge. Ce sont des cristalliers que je connais de vue.

Ils arrivent des Monts Rouges du Triolet. Franco Lucianaz de Charvensod nous montre ses trouvailles tandis que Hanz Margarettaz, le guide de Courmayeur refait son sac en nous parlant du glacier de Miage et de la mine qu'il a visitée sous le col Infranchissable…

Je dis à Daniel qui a fini par avertir Mme Carrier de notre arrivée au refuge :

– Nous avons marché quinze heures aujourd'hui !

Notre sommeil est de plomb.

Nous redescendons en même temps que le gardien qui a fini sa saison et comptons les chamois en face, sous les contreforts du mont Gruetta. Des séracs se détachent du glacier avec grand fracas.

À notre approche plusieurs marmottes détalent, l'une d'elle debout, rigide et tendue comme un bout de bois nous siffle pendant que ses congénères disparaissent dans leurs trous.

Daniel me dit :

– Regarde le chamois sur la barre à gauche, c'est un vieux bouc, bon à tirer !

Hanz et Franco sont restés au refuge ils vont finir de vider leur « four » demain.

Le temps se gâte lorsque nous arrivons à Chamonix. Je dis à Daniel :

– Nous avons fait un grand tour, pas côté à l'argus, mais une belle course très complète ; il fallait que je sois avec toi pour faire un truc pareil !

Depuis, Daniel est parti vers d'autres courses, nous le regrettons tous, car il avait le sens de la nature et était la gentillesse-même, c'était un gars du pays au-dessus du lot. Hanz est parti aussi en parapente… Franco s'est cassé la jambe en allant aux cristaux dans les Marbrées. Il retourne aux cristaux avec Ferronato, un autre « mordu » du Val d'Aoste.

Que penser après une telle journée sinon qu'on n'en fait pas assez de semblables dans une carrière de guide.

La face ouest des Petites Jorasses

Herbert, Marc et moi montons au refuge de Leschaux gardé par un Jurassien, bûcheron et cristallier à ses heures. Il n'y a plus de places, nous dormons à même le sol sur des matelas de fortune.

Marc veut parfaire sa liste de courses pour se présenter au probatoire de l'aspirant guide. Il a vingt ans. Depuis l'âge de douze ans, il grimpe sans arrêt avec moi ou ses copains d'Argentière et de Saint-Gervais. Principalement avec Frédéric Devouassoux et Étienne Deschamps, il a réussi le Grand Capucin par la voie Bonatti, le pilier Bonatti aux Drus, le Nant Blanc à la Verte, la face sud du Pouce… Pour les Petites Jorasses ça doit faire.

Herbert est le plus âgé de nous trois. Il aime les courses d'ambiance, engagées. Nous avons réalisé entre autres la face nord du Triolet, le Nant Blanc à la Verte, la voie des Autrichiens aux Courtes, la traversée des Drus, la Noire de Peuterey par l'arête sud, la Meije, le Badile, etc. Herbert est résistant et il en veut...

J'avais pour ma part fait une tentative très poussée aux Petites Jorasses avant de prendre le plus bel orage de ma vie dans le haut du sillon. Ritton, Pierre, Laurent et moi avions redescendu l'essentiel de la face en treize rappels gorgés d'eau en compagnie de Pierre Curral, guide à Saint-Gervais et Joël Pelloux. Nous avions formé une équipe solide qui s'entendait bien. Quelle saucée ! C'était en 1980 !

Comme le temps passe vite !

Nous partons vers quatre heures du matin et arrivons bientôt en vue du grand dièdre d'attaque.

Marc est devant, encordé, heureusement, quand une gigantesque plaque du glacier venant mourir vers les rochers s'effondre. J'ai très peur pour mon fils. Finalement, tout va bien sauf que nous sommes dix-sept personnes dans la voie et qu'un bouchon se forme. Nous devons attendre une heure pour commencer l'escalade.

Marc part en tête, j'aiderai Herbert s'il le faut. Nous sommes doublés par une cordée de deux qui ne va finalement pas plus vite que nous. C'est un médecin de l'hôpital et un homologue espagnol qui pour dire relais crie « réunion ! »

Les passages sont splendides ! surtout le haut du grand dièdre et le sillon où il faut s'employer avec de gros sacs. Nouveau bouchon : plus d'une heure d'attente ! Une autre cordée nous suit pas à pas, de trop près même, l'un d'eux n'ayant jamais assez de place au relais ! Heureusement, son compagnon a un meilleur moral !

Nous ne sommes pas très rapides à trois et bien que Marc grimpe comme un chat, il doit nous attendre à chaque relais un bon moment. Finalement, le haut est plus facile à partir du névé, tout s'arrange. C'est dans la poche ! Vers dix-neuf heures, nous sommes au sommet et entamons la descente de l'autre côté. Nous faisons cause commune avec l'autre cordée en reliant nos cordes, faisant l'erreur de rester dans une goulotte alors que la voie normale plus facile est à notre droite.

Lorsque j'avais fait l'arête sud avec Jean et Doris, nous avions redescendu cette voie normale qui par des vires et des terrasses ramène facilement au glacier de Fréboutzie.

Aujourd'hui, nos sacs sont lourds !

Après pas mal de rappels, nous finissons par atteindre le glacier de nuit. C'est alors que je m'aperçois de la quasi-inutilité des crampons automatiques qui sautent tous les dix pas !

La voie normale est plus risquée que la face ouest ! Heureusement la lune se lève et le côté poétique des choses prend le dessus.

Vers vingt-trois heures quarante-cinq, nous atteignons le bivouac Gervasutti qui est bondé. Certains ne se poussent pas trop pour nous laisser une petite place. Marc et moi dormons dehors, puis dans un deuxième temps sur le plancher, trois heures plus tard sur un bas flanc libéré ! Herbert a bien récupéré.

La descente sur la Vachey n'est pas trop dure le lendemain. Nous oublions la fatigue en comptant les chamois.

Malgré les bouchons et les arrêts, nous n'avons pas trop cherché de cristaux, nous avons côtoyé les Grandes Jorasses où probablement des cordées bataillent encore.

Nous sommes fiers d'avoir réalisé cette très belle escalade.

Je repense aux ouvreurs de l'époque : Marcel Bron, André Contamine et Pierre Labrunie qui en 1955 eurent l'audace et l'intelligence de gravir cette face bombée de sept cents mètres de haut, en grosses chaussures.

Maintenant, de nouvelles voies ont vu le jour dans cette paroi comme « Anouk », l'œuvre du très actif Michel Piola. Ces nouvelles voies se redescendent en rappels et c'est presque sans sac et en chaussons que les grimpeurs modernes s'y présentent. L'époque n'est plus la même, l'engagement est différent. Gare aux orages qui eux n'ont pas changé ! On est toujours malgré tout en haute montagne.

Le refuge-bivouac Gervasutti est certainement moins bondé, quant à celui de Leschaux on est en train de le doubler sous l'impulsion de Mickey qui mène les travaux d'une main de maître. Encore un chamoniard qui à la retraite se met au service de la montagne et des alpinistes. Nous pouvons te dire merci Mickey.

La montagne reste plus que jamais un terrain de jeu fréquentable grâce aux ouvreurs comme Michel Piola qui permettent aux alpinistes d'assouvir leur passion, d'oublier leurs soucis, de se refaire une santé et d'avoir un peu plus de bonheur pour retourner au travail « requinqués » et tout neufs.

Rodrigue est l'actuel gardien du refuge de Leschaux. Ce grand gaillard sympathique grimpe et aime la montagne. Ça se sent dès le premier abord. Il surveille les alpinistes engagés dans la Walker ou le Croz. Il donne facilement les conditions de la montagne quand on lui demande. Ce matin, il m'a dit :

– Tes copains ne sont pas très haut dans la Walker, il a neigé cette nuit, ils pourront redescendre facilement.

Puis il ajoute :

– Pour les Coréens qui sont bien plus haut ça va être compliqué.

Et enfin :

– Il faut trois jours pour qu'elle sèche.

D'ailleurs, je ne pars pas aux cristaux ce matin. J'écris un peu. La température a chuté. Rodrigue fait son pain, Babette sa compagne confectionne des tartes maison.

L'an prochain, lorsque les travaux seront achevés, le refuge reprendra sa vitesse de croisière, avec le sentier qui le relie au Couvercle, avec les Petites et les Grandes Jorasses où des noms célèbres évolueront : Babanov, Parkyn ou Christophe Profit qui fait avec le même esprit le métier de guide qu'il enchaînait ses faces nord, il y a plus de dix ans.

Christophe va aussi bien à l'Index qu'au Linceul, à la face nord des Droites deux fois dans la même semaine qu'à l'Intégrale de Peuterey. Encore une santé ! Un alpiniste d'exception qui sait rester humble et sympa. Merci Christophe pour ta manière de faire de la montagne et ta gentillesse !

Ta sérénité fait du bien aux autres guides que nous sommes. Ce qui me plaît le plus c'est que comme Patrick Berhault par exemple, vous êtes le contraire de ce qu'on appelle des « rouleurs de mécaniques ». C'est cela qui je crois est le plus important. Prendre du recul par rapport aux choses.

J'ai également beaucoup d'admiration pour certains guides ou alpinistes venant d'ailleurs : je pense à Rainier Munsch, « Bunny », qui vient des Pyrénées pour faire de grandes courses avec clients comme la Walker, ou à Serge Castéran qui revient de la Walker par temps moyen et qui y retourne. Comme on dit ici : « Eux ils envoient. »

Mes remerciements vont aussi vers tous les jeunes ouvreurs actuels qui nous permettent encore de nous exprimer dans les voies nouvelles des Aiguilles Rouges ou des Dorées. Je pense à Alain Payot, à Manu Méot, à Sylvain Ravanel. Certains sont très actifs, ouvrant des itinéraires modernes où parfois il faut s'arracher pour passer. Il en va de même dans la zone de Giétroz où Marc Volorio a ouvert des quantités de voies dures qui canalisent les grimpeurs.

La grimpe amène à la montagne, la montagne incite à la grimpe. Puissent les nouvelles générations de montagnards garder le feu sacré comme Julien, Nico, Maxime… Pour ces choses simples et vraies de la vie.

Le refuge des Cosmiques ou le laboratoire devenu refuge

Pendant l'Occupation, le professeur Louis Leprince-Ringuet fut chargé de créer à plus de 3 600 mètres d'altitude un laboratoire scientifique pour étudier les rayons cosmiques. D'où le nom de Cosmiques pour le labo puis pour le refuge. Ce bâtiment fut occupé par le CNRS avec des glaciologues et des chercheurs comme le professeur Millecamps ou Louis Liboutry.

Parallèlement et avant cela déjà, un téléphérique avait été construit qui partait du village des Pèlerins pour arriver à la Para puis à la gare des Glaciers. Un autre tronçon permit ensuite d'acheminer les voyageurs en 1940 vers la cabane Simond non loin du refuge des Cosmiques. C'était un transport rudimentaire et exposé avec un changement de plateau vers 3 100 mètres. Frisson garanti !

En 1950, ce projet risqué fut abandonné pour le nouveau téléphérique que l'on connaît et qui fut mis en service en 1955. Ce fut un exploit technique pour l'époque. L'étude et les plans avaient été préparés en France et repris par le Comte Laura Totino qui finança l'opération.

Entre-temps, le laboratoire fut inauguré en 1946 et une ligne électrique de quinze mille volts fut installée la même année pour son alimentation. D'après M. Leprince-Ringuet, les travailleurs qui montèrent ce labo avaient pour noms Burnet, Ducrey, Farini et Ravanel entre autres...

Ce laboratoire, rapidement devenu le premier refuge des Cosmiques, fut longtemps gardé par deux guides de Chamonix : Jacques Burnet dit « Jacques à Batioret », des Tissourds, et Marcel Ducrey, des Nants. Jacques Burnet finit par y rester seul pendant plusieurs années alors que les alpinistes y venaient de plus en plus nombreux.

C'était le camp de base du film *Quand brillent les étoiles de midi* et de bien d'autres. On s'y entassait à deux par matelas en attendant les premiers départs matinaux pour pouvoir s'étaler un peu.

« Jacques à Batioret » avait du caractère et de l'humour.

Un jour il dit au patron du Labo :

– Monsieur Leprince-Ringuet vous commencez à me faire chier !...

Gaston Rebuffat qui avait ouvert sa célèbrissime voie de la face sud de l'aiguille du Midi et la voie dite de « l'éperon des Cosmiques » qui est davantage une face qu'un éperon venait souvent aux Cosmiques avec Maurice Baquet ou Paul Beylier. Les soirées étaient bibliques...

Un autre gardien prit la relève de « Jacques à Batioret ». Roland Ribola, le frère de Charly, revenait du pôle Sud où il avait fait plusieurs campagnes avec les expéditions scientifiques.

Que de souvenirs avec Hubert Cretton qui allait au Grand Capucin ou Lothar Mauch qui partait au couloir Gervasutti avec une dame. Un autre jour André Bertrand louait les bienfaits des coinceurs en matière plastique. Il disait :

– Et toc ! tu places ton coinceur, c'est léger, tu mousquetonnes et tu grimpes assuré. Plus haut tu recommences et ça ne fait pas de bruit.

Pierre Leroux l'approuvait.

Nous y avions dormi avec Paul Martin avant d'aller aux Aiguilles du Diable en compagnie de César Zurbriggen de Saas Fee et sa cliente belge qui disait :

– Avec César j'irais n'importe où car je ne crains rien avec lui !

Fernand Audibert, guide connu du Lavancher était devant nous avec son client... Nous ne l'avions jamais rattrapé (surtout après notre incident du rappel de la Médiane où je m'étais trompé d'endroit !)

Pour en revenir à cette ancienne cabane, elle a été tenue ensuite par Martine Claret-Tournier avant qu'elle ne finisse en fumée (vers 1980).

L'idée d'un refuge neuf, moderne et fonctionnel germait dans les esprits. Il fut construit grâce à la ténacité de Claude Marin et du cabinet d'architecture de Paul Parizet avec bien sûr l'aval de la commune à qui il appartient maintenant. La gestion est confiée à la Compagnie des guides de Chamonix.

Arnaud et Laurence le gardent depuis plusieurs années d'une manière exemplaire malgré l'altitude et les difficultés engendrées : électricité, orages, eau, éboulements...

Comme plusieurs de mes camarades guides, j'étais très favorable à ce partenariat guides-commune. Nous considérons que, sur l'un des itinéraires du mont Blanc, ce refuge est un outil de travail très important voire stratégique. C'est l'image du savoir-faire des locaux pour l'accueil et le confort des alpinistes, des guides qui viennent du monde entier à la découverte de notre massif unique.

Inauguré en juin 1991 en présence de trois ministres et de ses deux parrains, Roger Frison-Roche et Louis Leprince-Ringuet, ce refuge est une réussite. L'inauguration en grande pompe eut donc lieu avec les corps de métiers, les guides, les Chamoniards. Voilà qui met du baume au cœur des montagnards que nous prétendons être. Si « Jacques à Batioret » avait vu ça !

Cette construction moderne conçue par des guides perpétue la tradition des frères Demarchi qui quarante ans plus tôt descendaient la face nord de l'aiguille du Midi en déroulant un câble avec Pession et Gaspard de Valtournanche... Nous sommes conscients des travaux exceptionnels réalisés par les guides tant au téléphérique qu'au refuge et je reprendrai ces mots du sénateur Chabod qui disait, il y a plusieurs décennies déjà : « Guides vous êtes la flamme, vous êtes la vie ! »

J'en profite pour remercier au passage les hommes de terrain qui ont du savoir-faire dans les remontées : les frères Pedrotti réalisant des épissures qui font encore école dans le métier, les Moriondo, Bergomi et bien d'autres qui travaillent en altitude préparent l'accueil des touristes et des alpinistes, sécurisent l'arête à longueur de journée comme Edmond Cachat ou Didier Frosio.

Je me souviens aussi d'une équipe d'Argentière qui avait mené à bien des travaux de charpente à l'aiguille avec Paul Ravanel, Freddy, André Ribotto qui jouait aux boules le dimanche avec ses chaussures à semelles blanches faisant penser au chocolat blanc.

Maintenant, certains remettent en cause l'équipement de l'arête alors qu'ils n'y ont jamais participé et qu'il y a plusieurs milliers personnes par jour à l'aiguille ! Quelle irresponsabilité ! Quel mépris du travail de nos anciens !

L'aiguille du Midi, c'est l'une des perles de Chamonix, c'est l'un des sites où l'on peut amener le commun des mortels à la porte du temple. Ils peuvent ensuite pénétrer dans le royaume munis de skis l'hiver, de crampons l'été. La deuxième partie de la visite se mérite, même pour se rendre au refuge des Cosmiques si proche.

Toute l'Europe nous envie ce site, arrangeons-nous pour qu'il demeure propre et intact.

Essayons petit à petit d'empêcher le camping et d'éviter les inconvénients inévitables qui l'accompagnent au sommet de cette Vallée Blanche. La tâche est difficile, j'en sais quelque chose ! Il est nécessaire, mais peu gratifiant d'ôter les câbles qui jalonnent la Mer de Glace et ressortent chaque année en aval.

Venant soit du col du Géant soit des suites de l'accident de 1961, des tronçons de ferraille rouillée avancent avec le glacier et ressortent en aval de son confluent avec le glacier de Leschaux jusqu'aux « Moulins ». Que de corvées faites, que de corvées à faire ! La montagne reste la mémoire vivante du passé et des actions de l'homme.

Nous nous contenterons aujourd'hui d'emprunter le téléphérique pour accéder à l'aiguille, comme on dit, et de là aux Cosmiques.

Le souffle est court lorsque nous montons à la plate-forme panoramique. Nous sommes au sommet nord d'où nous découvrons une fois de plus la vallée de Chamonix et ses multiples constructions. C'est la rançon de la gloire.

Le glacier des Bossons, l'une des plus belles cascades de glace du monde, déverse ses séracs vers le bas, dans un éblouissement de lumière. L'aiguille du Goûter, le Dôme et le mont Blanc s'élèvent majestueusement au sud-ouest. C'est le domaine des neiges et des glaces du Monarque : « Pas touche ! »

Des points noirs, minuscules, comme des fourmis en reviennent par l'épaule du mont Maudit et celle du mont Blanc du Tacul. Dure sera la remontée à l'aiguille en pleine chaleur.

Nous enfilons les baudriers, ajustons les crampons et descendons l'arête une fois encordés. Je veille à la sécurité de mes deux compagnons : Francine et Alain avec qui je fais des courses depuis plus de dix ans. Lorsque nous arrivons au bas de l'arête nous décidons d'enlever les crampons. La neige ramollie ne les rend plus indispensables.

Je leur raconte alors mon histoire de la semaine dernière à la Tour Ronde. J'étais avec une cliente très entraînée et véloce à la face nord de la Tour Ronde « passablement en glace ». Nous progressions ensemble, Colette et moi, jusqu'au centre de la face où il y a un étranglement. Colette était très en forme, loquace également.

En arrivant à la glace je lui demandais d'attendre pour que j'effectue une traversée à droite sur le miroir glacé. Comme elle parlait sans arrêt et que c'était délicat, je lui dis :

– Taisez-vous un peu s'il vous plaît !

Je place une broche à glace, à vis conique, y fixe un mousqueton et la corde avant de poursuivre. Ayant traversé derrière un rocher en pleine glace, je me trouve bloqué par la corde et lui dis :

– Que se passe-t-il ?

Colette ne me répond pas. Je fais donc demi-tour, revenant sur ma gauche pour apercevoir un paquet de « nouilles » bloqué derrière le mousqueton.

– Vous ne pouviez pas m'avertir ? lui lancé-je.

Elle me répond :

– Vous m'aviez dit de me taire !

Je défais le paquet de « nouilles », retraverse à droite, et nous faisons la suite jusqu'en haut corde tendue, sans parler et la descente sans parole jusqu'au téléphérique.

– Eh bien c'est gai ! me dit Francine. J'espère que demain ce ne sera pas comme cela !

Nous passons au pied de l'aiguille du Midi gravie par la voie Rebuffat avec Alain qui dit :

– C'est la plus belle escalade que nous avons faite ensemble.

Deux cordées sont aux prises avec les derniers passages de la « sortie Cretton ». D'ici on entend les paroles d'un second de cordée : « Sec ! » ; ou encore, « Lâche un peu de mou » ; puis subitement, « Sec ! sec ! ».

Nous traversons sous l'éperon des Cosmiques et remontons tranquillement au refuge où Roland nous raconte qu'il a été attaqué par un alpiniste étranger qui ne voulait pas payer sa note ! Il a même pris un coup de piolet dans la figure ! Même en montagne, rien n'est facile ! C'est la jungle !

Les derniers « traverseurs » du mont Blanc arrivent à mi-pente du Tacul ; le soleil bascule derrière la chaîne des Aravis.

Nous laissons à l'extérieur de la cabane piolets et crampons avant de repérer les places que le gardien nous a réservées. Dans une demi-heure ce sera l'heure du repas. Nous sommes une quarantaine dans les Cosmiques, l'ambiance est aussi chaude que la soupe.

Un guide raconte l'histoire du « Grand Fontaine » (Norbert Fontaine) qui lance la corde à son client tombé à skis dans une crevasse de la Vallée Blanche. Avec l'aide des alpinistes présents il le ressort et a un sursaut : ce n'est pas son client mais une autre personne qui était tombée dans le même trou juste avant lui ! Il finit par faire remonter son client et poursuivit sa Vallée Blanche à skis ! Le plus ancien habitant de la crevasse a donc eu la priorité pour être remonté !

Claude Jaccoux qui est au refuge ira à la Kufner demain matin avec son client. Il partira avant nous, car nous ferons Midi-Plan par bonnes conditions juste pour être devant ceux qui prennent la première benne et courent pour être tranquilles.

Un jeune guide suisse fera le pilier Gervasutti au Tacul avec un copain, ils ont l'air décidés, ça va chauffer demain.

Un client américain du nom de Jeremy parlant français avec un accent inimitable fait rire tout le monde lorsqu'il parle de ses chaussures de montagne des « Darbellay », du nom de Michel Darbellay. Il dit :

– « Dâbelay » c'est « formidâble », j'arrive pas à les détacher du rocher !

Le célèbre guide Suisse de la Fouly est d'ailleurs passé hier aux Cosmiques pour faire les Aiguilles du Diable avec deux clients. Michel Vaucher avec qui il a grimpé dernièrement dit de lui :

– En tout terrain il est imbattable, c'est un vrai chamois !

En fait, Michel Darbellay a ouvert des voies très difficiles dans le secteur valaisan du mont Blanc avec aisance et détermination ; sa première solitaire à la face nord de l'Eiger le propulsant au premier plan de l'actualité. Je me rappelle qu'avec son frère Daniel, il était parti de Torino pour le pilier du Fréney qu'ils n'ont pas réussi, par malchance, comme nous dira Hubert Cretton peu après.

C'est le monde des alpinistes qui défile ici dans la cabane où les lampes commencent à vaciller, les yeux à se fermer.

Mes clients sont déjà allongés depuis un moment lorsque je rejoins ma couchette après avoir regardé une dernière fois le temps qui est au grand beau : le ciel est constellé d'étoiles, de plus, il n'y a pas de vent. Yannick Seigneur ronfle un peu plus loin, il ira à l'Envers du Mont Blanc avec sa cliente de Val-d'Isère.

Finalement, je sombre et trouve le réveil bien matinal le lendemain. Nous ne sommes plus que cinq ou six, tout le monde est parti. Le temps est superbe, mais la température est basse.

On se harnache et toutes lampes allumées nous dévalons la petite pente qui nous ramène sous l'aiguille du Midi avant de remonter vers l'arête Midi-Plan, en dehors de la trace, ça porte.

Francine aime bien les courses de neige, elle jubile. Alain préfère le rocher, mais à partir du moment où nous faisons de la montagne agréable cela lui convient.

Nous sommes sur le fil de l'arête et redescendons vers le col du Plan en enfilant le manche du piolet dans les trous déjà en place. C'est du gâteau. Il suffit de ne pas s'accrocher les pieds. Attention la pente est raide !

Du col, nous tirons plutôt à gauche dans les traces qui sont énormes et parvenons bientôt à un petit couloir débouchant à un collet enneigé avant le Rognon. Le jour s'est levé, on éteint nos lampes avant de descendre d'une cinquantaine de mètres versant Mer de Glace. À l'aide d'un petit rappel et d'une main courante, nous sommes au bas des rochers que nous longeons dans la neige encore bien gelée, c'est mieux.

Nous faisons un arrêt au col supérieur du Plan avant de reprendre l'arête enneigée menant à la base de l'aiguille du Plan. Nous y laissons les sacs et gravissons maintenant les escarpements rocheux menant à ce sommet stratégique. Un dernier rétablissement et nous y sommes.

Casse-croûte au soleil et panorama. Une cordée est dans la face sud du Fou, c'est raide ! Des caravanes circulent sur la Mer de Glace, petits points noirs mobiles dans l'immensité de la montagne.

Nous sommes bien installés au sommet de l'aiguille quand arrive un guide de Zermatt : René Arnold avec son client de Genève que j'avais rencontré au Grand Paradis. Ils viennent du refuge du Requin et traverseront vers la cabane des Cosmiques. Nous faisons la causette avant de nous séparer au col supérieur du Plan.

Nous descendons par le glacier de l'Envers du Plan aux multiples crevasses. Il n'y a pas de saut à faire cette année tant mieux !

Le soleil a ramolli la neige et on « botte », c'est-à-dire, que les pointes des crampons retiennent des petits paquets de neige qu'il faut faire tomber en donnant des coups de piolet par côté pour « débotter ».

Mes compagnons me demandent de s'arrêter avant le passage des Chaînes sous la Dent du Requin. L'eau commence à couler le long de ces Chaînes sur quelques mètres, elle gicle dans les manches ! C'est la montagne !

Nous descendons sous le bombement glaciaire qui est à notre droite et sans trop nous arrêter à cause des séracs, parvenons à la moraine qui mène juste au-dessus du refuge. Des marmottes déguerpissent à notre arrivée et se cachent sous les pierres voisines. Nous parvenons à la terrasse du Requin et demandons trois déjeuners à Agnès, la gardienne du refuge.

Le temps est superbe, il est presque dommage de redescendre dans la Vallée, car nous sommes sur place pour une autre course. Nous déjeunons sur la terrasse au soleil. Agnès mange avec nous et la conversation s'anime.

– Tu te rappelles d'Albert-Ier et des courses avec Guy Devouassoux et Roger Fournier ? dit-elle.

Elle poursuit :

– À Argentière, les guides forment une équipe solide, ils vont souvent en refuge.

Nous sommes distraits par le fracas d'un sérac qui s'écroule du glacier du Géant.

Des choucas s'approchent timidement de notre table, repèrent quelques morceaux de nourriture, s'en saisissent et se renvolent pour disparaître un moment de l'autre côté du refuge. Agnès nous apporte bientôt le dessert puis le café.

Nous allons prendre le train du Montenvers et retrouver la foule, la chaleur, la vallée qui grouille de monde. Qu'on était bien à Midi-Plan !

Depuis, le refuge du Requin a été restauré dans le volume existant en partenariat avec la Compagnie des guides. Du jamais vu ! Le CAF et la Compagnie qui travaillent ensemble ; malgré la désapprobation de certains purs et durs, dix ans plus tard c'est une affaire qui tourne bien. Le CAF sous l'impulsion de Louis Volle a fait sa *perestroïka*, les guides ont joué le jeu et l'ambiance est bonne, voire excellente. Quand il y a une volonté, il y a un chemin !

Gilbert et Annick tiennent le refuge depuis plusieurs paires d'années, la voie Renaudie est rééquipée pour la descente, le refuge est impeccable, les séracs sont toujours là, au grand dam des marmottes qui sifflent sur la moraine.

La Vallée Blanche

Que de monde au « télé » ! Tickets, « pass », numéros d'ordre, la foule attend, se bouscule, s'impatiente puis s'engouffre par petits paquets dans la benne.

Les guides déambulent, sept ou huit baudriers accrochés à leurs sacs, matériel de sauvetage en crevasse cliquetant à la ceinture... C'est aussi coloré que le marché de Namche Bazar !

Les skieurs finissent par monter, atteignent le Plan de l'Aiguille puis l'aiguille du Midi où le tunnel de sortie du piton central est obstrué.

We queue up entre deux parois granitiques pendant une bonne heure avant d'entrevoir un point lumineux vers l'est, au loin, puis la porte et le tunnel de glace. Certains veulent doubler ; les esprits s'échauffent ; on en vient aux mains...

D'autres repartent casser la croûte au restaurant de l'aiguille du Midi pour une plus grande tranquillité. Sur l'arête c'est le bordel encore deux heures plus tard, un guide gueule « mais avancez donc ! » alors que tout un chacun doit prendre son mal en patience.

Trois heures ont passé depuis qu'on est arrivé en haut du « télé ». Nous finissons par chausser les skis, il est deux heures de l'après-midi. Le temps est correct, le paysage est magnifique.

Je m'aperçois que certains de mes coéquipiers ont déjà du mal à mettre les skis aux pieds. Un dérapage obligatoire nous permet d'atteindre le replat sous l'arête une trentaine de mètres plus bas. Sur huit candidats à la Vallée Blanche, quatre sont déjà au tapis tandis qu'un skieur d'un autre groupe qui n'arrive pas à se contrôler en fait tomber deux autres... Oh ! la galère !

Finalement tous se relèvent et se rassemblent dans le creux où je me trouve. Le plus grand perd son baudrier, il le remonte, il retombe, le baudrier redescend. Je lui resserre du mieux que je peux, il retombe aussitôt.

Je l'attache au-dessus de son épaule avec une sangle, mon client ne semble pas avoir de hanches ! Il n'entend rien de ce que je lui dis ; les autres me disent qu'il est sourd et qu'il a plus de quatre-vingts ans. Il est très grand : deux mètres peut-être. C'est un Texan.

Nous commençons la descente, la neige est bonne, les skieurs sont mauvais sauf deux d'entre eux qui se débrouillent. Chasse-neige donc, traversées, virages lents, retraversée, arrêt. Ça souffle, on respire mal. Le paysage est superbe. Les deux meilleurs skieurs prennent photo sur photo. Nous sommes très lents.

Nous finissons par atteindre le haut des séracs qui heureusement sont assez bons. Nous faisons la totalité du passage en dérapant. Tout le monde nous double. J'hésite à aller au Requin pour la nuit tellement « c'est lent et galère ».

Finalement nous essayons de rejoindre Chamonix. Un guide me lance :

– Bon courage !

Un autre :

– Tu n'es pas encore en bas !

Mes huit Américains, pour la plupart de Saint Louis, s'arrêtent souvent car ils se fatiguent dans cette descente qui n'était pas faite pour eux vu leur niveau de ski que bien sûr je ne connaissais pas avant le départ !

Ils se rappelleront de leur Vallée Blanche, moi aussi...

Tout va finalement mieux sous le Requin jusqu'à « l'Angle » où la neige n'est pas difficile. Le jour s'assombrit, nous sommes au début du mois de février. Nous finissons par atteindre le bas de la remontée au Mottets, il est six heures !

Mes compagnons ne sont pas à l'aise dans le franchissement de la moraine, aussi je porte trois paires de skis en plus des miens qui sont les plus légers du lot... Des blocs sont retenus par la terre gelée où les pieds glissent. Il fait de plus en plus sombre.

L'un de mes gaillards coiffé d'un casque tombe en arrière, le casque coincé entre deux blocs. Il n'arrive pas à se relever. Je redescends le mettre sur pied. Il repart après avoir repris haleine et finit par atteindre le chemin du haut.

Serge Tresamini nous a vus, il attend notre arrivée. Mes compagnons, avachis sur les bancs des Mottets ne veulent rien boire tellement ils sont *exhausted*. Il fait de plus en plus sombre.

Finalement nous repartons par la route des Mottets au ralenti extrême et tant bien que mal parvenons aux lacets précédant le couloir d'Ortaz.

L'un de mes gaillards tombe en contrebas d'un virage, perd les deux skis et reste allongé sans réaction entre les sapins. Je vais le chercher et le ramène à bon port. Il est complètement groggy et défait, néanmoins il repart. Je surveille plus particulièrement le plus âgé du groupe qui en a vraiment marre. Je skie tout le temps à deux mètres de lui, prêt à intervenir dans le noir. Les plus véloces, si l'on peut dire, n'ont pas attendu les plus lents malgré mes conseils. Souci !

Nous arrivons à la voie ferrée où la fatigue aidant ils s'y prennent mal. Des étincelles jaillissent ; je vois même un bâton de ski décrire une courbe dans les airs et parviens à le récupérer. Il fait nuit noire lorsque nous sommes aux Planards. La lune éclaire l'aiguille du Goûter et le Dôme en face.

Le vétéran du groupe se prend encore dans le filet de la piste, je dois lui ôter les skis pour qu'il revienne au bon endroit. Il est vingt heures lorsque nous arrivons au parking où le bus de la Compagnie attend les derniers. En cinq minutes nous sommes à l'*Hôtel Alpina*, onze heures après le départ du matin !

Mes clients se sauvent dans leurs chambres respectives et ce n'est qu'après vingt heures trente que je parviens à récupérer mes baudriers et mon dû, en grande partie en dollars… Ce fut une Vallée Blanche pas comme les autres mais encore différente de celle qui suit.

Deux mois plus tard je traverse le tunnel pour aller faire Toule depuis Courmayeur. Le ciel est voilé, il y a très peu de monde au départ de la *funivia del Monte Bianco*.

Pierre et Bernadette, fraîchement débarqués de Martigues n'ont pratiquement pas skié depuis trois ans. Comme à son habitude Pierre a un gros sac, Bernadette a une chaussure que nous n'arrivons pas à fermer…

Je décide de ne pas aller à Toule à cause du plafond nuageux qui baisse. La neige est sûrement très dure après le beau temps de la veille.

Nous buvons un *cappuccino* à *L'Helbronner* en compagnie d'Attilio Ollier et Giorgio Passino, Brocherel va aux « Marbrées » avec son client tout de jaune vêtu, c'est plus exposé au soleil que Toule, ça va être dur tout de même.

Nous optons pour la Vallée Blanche par le plateau de la Vierge. Nous n'allons pas très vite et sommes rapidement rattrapés par le jour blanc que je n'aime pas. Nous longeons les grandes crevasses du début quand Bernadette tombe et ne parvient pas à se relever. Par deux fois je la bloque avant de l'immobiliser au-dessus d'un trou. Elle ne peut pas se relever seule et perd confiance. Finalement après une grande traversée suivie d'un virage chasse-neige amélioré et d'une deuxième traversée vers la Vierge du Géant nous perdons un peu d'altitude. Ça se bouche de plus en plus. Nous effectuons encore plusieurs traversées au mieux avant de couper en direction de la *bédière* où nous devinons quelques vieilles traces gelées. Nous sommes dans un coin truffé de trous et prenons mille et une précautions pour en sortir tranquillement et finissons par atteindre, en même temps qu'un vent de plus en plus violent, le haut des séracs.

L'hélico rouge tourne sans pouvoir se poser plus bas. Je dérape en veillant à Bernadette qui fait une ou deux chutes spectaculaires. Le vent a complètement glacé la neige qui est une vraie patinoire : du jamais vu. Pierre descend tranquillement au-dessus de Bernadette, il a la sagesse de ne pas donner d'autres conseils que les miens. Il est hors de question de faire des virages. De bosse en bosse, par petits dérapages successifs, nous arrivons au milieu des séracs où les gars du PGHM sortent quelqu'un d'un trou à l'aide d'un treuil.

Le vent redouble de violence ; on n'y voit pas grand chose. Je reconnais Dufour au loin, puis Vincent Lamaire ; Passino porte quelqu'un sur son dos. Michaud bien encapuchonné passe et nous double. L'hélico, contrarié par le vent, ne peut pas se poser près du blessé qui a l'air d'aller bien après une chute de vingt-cinq mètres ! Tant mieux.

Sur un replat je dis à mes compagnons :

– Mettez vos crampons !

Pierre n'attendait que cela. Je prends leurs skis sur mon sac et leur donne ma corde : ils sont alpinistes. Yvan Charlet nous regarde et file au Requin. Lorsqu'ils sont prêts je pars devant eux avec mon fardeau ; la neige est tellement dure que mes skis ne mordent plus. De la vitre !

De la glace s'est formée dans mes lunettes de vue, quelle poisse ! Tant bien que mal je les nettoie et surveillant du coin de l'œil ma cordée amie je dérape en bâton, ramasse et rattrape deux dames qui disent :

– On en a marre.

Elles sont avec mon ami valaisan Pierrot Cretton qui me dit :

– On est dans la merde aujourd'hui !

Nous atteignons le bas des séracs sans passer au refuge du Requin. Pierre et Bernadette ôtent leurs crampons et remettent leurs skis. Le vent est moins fort ;

L'ancien gardien des Cosmiques Jacques Burnet (Jacques à Batioret) en compagnie du grand champion de ski James Couttet.

Dans la Vallée Blanche à skis avec les enfants.

Dans la Vallée Blanche à skis, Gentiane pose devant le Grand Capucin et les aiguilles du Diable.

En montant aux Grands Mulets au printemps 1998…, passage devant les séracs de la Jonction.

Depuis le refuge des Grands Mulets, vue sur l'aiguille du Midi au coucher du soleil.

Jean Fanton, ancien gardien des Grands Mulets en compagnie de Dédé Simond, des Contamines.

La descente des Grands Mulets dans les années cinquante ; ça ne s'est pas amélioré depuis !

Les crevasses du mont Blanc.

Avant l'arrivée au sommet du mont Blanc, les dernières longueurs sont toujours très éprouvantes ; aussi, les skis ont été posés au refuge Vallot.

Victoire ! Michel a réussi le sommet du mont Blanc pour ses cinquante ans. Reste la descente…

Plus paisible, le col de Toule et la descente vers l'Italie.

nous poursuivons sans encombre notre fameuse descente vers l'ouverture de la grotte de la Mer de Glace.

Le vent balance les cabines qui sont à l'arrêt. Nous mettons les skis sur les sacs, Pierre portant ceux de Bernadette parce que, dit-il :

– Tu as déjà la corde.

Nous montons par le sentier qui de la grotte conduit à la moraine et au Montenvers. Certaines personnes traînent encore plus que nous. Dans le train, nous commentons notre Vallée Blanche qui a été une épreuve : du jamais vu en quarante-cinq ans de métier. Heureusement qu'il ne faisait pas froid !

Dans le car qui nous ramène à Courmayeur je discute avec Ollier, Passino et Berthod, de Morgex. Pierre et Bernadette ont pris des couleurs. Demain, nous irons au Grand Mont d'Arêches, ce sera plus tranquille !

Le refuge des Grands Mulets
Le mont Blanc à skis

Situé sur l'itinéraire historique du mont Blanc à 3061 mètres, le refuge des Grands Mulets est en plein cœur du massif. Environné de glaces et de séracs il a été construit sur un rognon rocheux feuilleté au-dessus de la Combe maudite. L'ambiance y est austère et merveilleuse à la fois. L'environnement est hostile avec les chutes de séracs qui font grand fracas de tous côtés. Le site demeure néanmoins exceptionnel entre ces énormes masses blanches qui scintillent au soleil ou sous la lune quand on part pour le mont Blanc, au printemps, skis aux pieds, vers deux ou trois heures du matin.

Le guide Fernand Tournier qui fit des premières de grande classe aux Droites, à l'aiguille du Midi ou encore à la Mummery en fut l'un des gardiens les plus connus.

Le refuge fut reconstruit sur le même modèle que celui du Goûter et inauguré par Lucien Devies dans les années soixante. Il est le point de départ pour le mont Blanc à skis.

On y passe également en redescendant du mont Blanc lorsque les conditions sont bonnes en été.

Jean Fanton, originaire des Dolomites, en a été le gardien pendant une bonne dizaine d'années avec sa famille. Skieur de fond et guide, il m'a accueilli à plusieurs reprises notamment lorsque je me suis démis une épaule au Petit Plateau en glissant dans une cavité glacée entre les blocs de séracs qui parsemaient cet endroit malsain.

Il est tenu maintenant, en 2003, par Fred Laurenzio qui n'hésite pas à descendre seul à Chamonix le matin faire ses courses pour remonter seul l'après-midi !

Quelle santé et quel moral alors que les ponts s'effondrent et qu'il faut cramponner sur une pente à plus de quarante-cinq degrés au-dessus d'une crevasse qui ne demande qu'à s'ouvrir plus.

La fréquentation de ce refuge reste correcte en mai et juin puis diminue à cause de la sécheresse et des mauvaises conditions des glaciers.

Nous y faisons pourtant des travaux pour consolider sa façade ouest ou rendre la cuisine plus fonctionnelle.

Il faut aimer la solitude pour rester une grande partie de l'année aux Grands Mulets gardés de la fin mars à septembre.

Jacques Pire avait pensé, pour attirer plus d'alpinistes aux Grands Mulets, mettre en avant l'ascension du mont Blanc par l'arête du Dôme en évitant les séracs du Petit

Plateau. Mais il y a des difficultés : la glace qui sort assez vite et surtout les plaques à vent qui se forment presque à chaque chute de neige !

Les Autrichiens, les Allemands, les Suisses viennent finir la Haute Route par l'ascension du mont Blanc à skis passant par les Grands Mulets. Après Chamonix-Zermatt ils sont entraînés et acclimatés, ils ont raison.

En 1998, j'ai fait mon dernier mont Blanc à skis avec Michel qui aurait voulu le gravir pour ses cinquante ans, mais qui dut attendre l'année suivante pour y aller. Le 7 mai nous montons aux Grands Mulets en deux heures trente, c'est bien. Michel est ravi par l'ambiance haute montagne dans laquelle il se trouve plongé.

Gilles, le gardien, qui a succédé à Benoît et Josiane nous accueille avec le sourire. Il y a beaucoup d'Allemands comme d'habitude.

La nuit est assez difficile et à trois heures nous partons vers le coin du Dôme et les pentes menant au Petit Plateau. Des craquements sinistres nous font penser aux séracs du Dôme, c'est là le problème. On ne peut pas courir au risque de s'essouffler. On ne doit pas traîner non plus pour augmenter le temps passé sous ces tours branlantes.

Nous atteignons la pente qui mène au Grand Plateau ! Ouf ! Michel a la diarrhée. Halte obligatoire ! Nous sentons le froid augmenter par le vent descendant du mont Blanc.

Je me rappelle de l'épaule déboîtée au-dessous alors que je redescendais avec Bernard. D'autres souvenirs surgissent : les copains qui me cherchaient dans une avalanche. Une autre fois mon client allemand qui avait des chaussettes un peu courtes, ses mollets rougis par le soleil et la neige. Il ne pouvait plus marcher. Nous étions partis à la première benne de l'aiguille du Midi et sommes arrivés à onze heures du soir au tunnel du Mont-Blanc !

C'est aussi ici que Jean-Marc Corde ne croyait pas avoir fait le sommet dans le brouillard total alors que parti des Cosmiques il avait fait une halte à Vallot avant de poursuivre sa descente.

Le froid est si vif que tour à tour Michel et moi perdons une peau puis deux. Vive les peaux de rechange ! Vive le chatterton !

Nous arrivons sous le col du Dôme puis dans la pente englacée qui soutient Vallot, ce havre pour alpinistes en détresse, à plus de 4300 mètres. Bravo Michel !

Nous laissons là skis, peaux, couteaux, etc. pour finir l'arête des Bosses crampons aux pieds. C'est à mon tour d'avoir la chiasse ! Nouvelle halte donc.

Nous continuons malgré tout vers la cime que nous atteignons vers midi. Le temps est splendide. Le panorama exceptionnel. Michel hurle de bonheur. C'est grandiose. Nous restons une heure au sommet et décidons de redormir aux Grands Mulets.

La descente en crampons n'est pas compliquée, mais il faut rester vigilant :

–Non, à droite Michel, c'est meilleur ! Change ton piolet de main ! Reprends-le dans la main droite en tournant !

Avec son bonnet et sa barbe il a l'air d'un Père-Noël qui redescend de la montagne, des images plein les yeux.

Nous rechaussons les skis après la pente de glace et commençons à descendre vers le Grand Plateau. Mon compagnon « n'a plus de jambes », comme il dit. Nous allons très doucement. Il descend dans ma trace que je fais la plus large possible.

– Souffle, expire !, lui dis-je.

Il réclame de fréquents arrêts sous les séracs :

– Je n'en peux plus !

Il est vrai qu'il vient de l'Aisne (02) et que le vélo c'est bien mais reste un autre sport que le ski, sans compter l'altitude.

Nous finissons, après quelques péripéties, le long de gros trous, pour arriver à bon port.

Le gardien nous voit arriver et nous offre le thé.

Michel va s'allonger pendant que j'aide à la vaisselle ! Il y aura moins de monde ce soir. Coup de téléphone dans la vallée pour dire que tout va bien. Repas du soir bien arrosé puis nuit calme et salutaire.

Après un petit déjeuner tardif nous évoluons sur une neige transformée magnifique vers le bas du Glacier Rond et le Plan de l'Aiguille. Nous remontons à l'aiguille du Midi pour faire l'Envers du Plan. Les courbatures de Michel s'en vont, le plaisir du ski revient. Dans le train du Montenvers nous préparons une nouvelle saison de ski.

Les dômes de Miage en hiver

L'hiver 2003 est exceptionnel car nous en sommes à plus de six semaines de beau temps. Il y a eu une chute de neige début février et depuis il fait beau. Nous sommes dans la dernière semaine de mars, la neige se transforme bien sûr, mais elle reste convenable avec la petite gelée du matin qui la maintient.

La Vallée Blanche voit beaucoup de monde chaque jour. Elle est encore fameuse jusqu'à l'aplomb du Montenvers. Gilbert nous a fait une bonne trace pour aller au Requin. À midi c'est la foule, les serveuses ont du mal à se frayer un passage avec leurs plateaux. Certains se font encore cuire au soleil dehors, car demain ils seront au bureau, en ville, dans le stress et le boulot de leur vie citadine.

Pour ma part, je m'installe à l'intérieur du refuge, rénové il y a une dizaine d'années, à la table du fond à gauche avec vue sur l'aiguille du Tacul. Des points noirs montent sur le glacier des Périades en direction de la brèche Puiseux. Ils ont de la veine !

Je finis ma Vallée Blanche tranquillement et reviens par les cent quatre-vingts marches qui me font monter au télécabine et au train du Montenvers.

– C'est le « plus dur » de la Vallée, me lance une cliente qui s'arrête à chaque palier, ce qui permet à tout le groupe de souffler.

Les skieurs arrivent du « Pas de chèvre » en face ; ils semblent avoir quelques difficultés à descendre la dernière moraine caillouteuse qui surmonte la Mer de Glace. Quelques guides de la Compagnie accompagnent des groupes en crampons sur le glacier :

– C'est sûrement un séminaire, lance un collègue.

Nous nous engouffrons dans le train qui nous ramène à Chamonix et sa populace déambulant dans les rues où les skis ne font pas toujours bon ménage avec les étalages des boutiques.

Arrivé à la maison, je téléphone à Alfred qui n'a pu encore réussir la brèche Puiseux. Je sais qu'il a très envie de la faire depuis quelques années. C'est décidé, nous irons dans trois jours, mais en dormant au Requin. Christian se joindra à nous avec son enthousiasme et son envie de découvrir un nouvel itinéraire.

En attendant, des Grands Montets, je me balade sur le glacier des Rognons, passant sous le couloir Couturier à la Verte, par-dessus le Rognon de la Verte jusqu'au pied des Droites, c'est vraiment crevassé et dangereux : « Un champ de mines », dit un collègue. Des séracs nouveaux poussent même au sommet du couloir Couturier.

Mon compagnon veut revoir le couloir en Y qu'il avait gravi à l'aiguille d'Argentière. Une cordée est engagée dans la voie Davaille aux Droites. C'est bigrement raide ! Des skis sont plantés au-dessous de la rimaye. Nous tournons, jetons un coup d'œil en direction du refuge d'Argentière et filons vers le bas sans pousser jusqu'au bord du plateau supérieur du glacier. L'hélicoptère de la Protection est là ; un skieur est tombé dans une crevasse. Un secouriste en ressort avec sa frontale allumée. Nous ne nous mêlons pas à l'attroupement et rejoignons l'ancien hôtel de Lognan.

Zian Charlet nous offre le café, dans la salle où je revois encore Irène et Roger Simond, du Lavancher. J'essaie de reconnaître certains visages de guides sur les photos anciennes que Zian met devant moi. Je reconnais Fernand Bellin, Armand, son grand-père, Firmin Mollier, Édouard Ravanel, des Chosalets, des souvenirs surgissent, d'autres vont suivre.

Nous dévalons les pentes du « Crot de la cluie », devenue une piste rouge bordée de mélèzes, et retombons sur la piste de « la Pierre à Ric » au milieu de la foule. Plus bas « la Pierre à Cachat » a été minée et nous godillons aux « Seudans » alors qu'un hélico survole « la Koufa », cette falaise qui surplombe le glacier d'Argentière, rive gauche au-dessus de sa langue terminale. La descente est terminée. Je quitte mon client et refais mon sac pour me rendre au départ du « télé » de l'aiguille du Midi où je retrouve Alfred qui est déjà là avec son baudrier.

Christian arrive, nous nous présentons au départ et sommes bientôt à l'aiguille du Midi. Il n'y a plus personne à trois heures de l'après-midi. C'est le pied ! Nous faisons le Petit Envers où certaines pentes regèlent déjà et parvenons au refuge du Requin, non sans avoir souvent « lorgné » du côté du « Puiseux » comme on dit.

Gilbert nous montre où nous logeons ; comme j'annonce que je ronfle, il me mettra seul, en bas dans la salle, c'est mieux pour les autres. Henri, fraîchement retraité du PGHM arrive avec sa femme Michèle et Jocelyne, une skieuse de fond émérite. Ils iront également au « Puiseux ». Décidément ce *colu* attire les foules ! Nous ne serons que six demain à partir d'ici. Un groupe sympathique de gens du pays arrive pour faire la Vallée Blanche au clair de lune. C'est l'anniversaire de l'un d'entre eux qui a servi de prétexte. Comme ils ont raison !

La soirée est animée avec quelques amis et d'anciens élèves devenus grands et moi devenu vieux ! Même Juliette nous sert, elle qui fit sa première Vallée Blanche en ma compagnie à l'occasion du « Jour de la Terre », il y a plus de dix ans. Comme la roue tourne ! Et dire que nous avons la chance d'être toujours là et d'attaque. Nous parlons des Pyrénées, de l'Ossau, du Vignemale et du Tour de France…

Nous sombrons dans les bras de Morphée avant que le vent ne se lève ! Merde on va encore le rater cette fois-ci ! En fait la lune a disparu laissant un ciel bizarrement gris qui me laisse perplexe au petit jour. Henri, en haut, se recouche… Nous déjeunons tout de même, résignés… Annick me dit même :

– Avec Alfred vous n'avez pas de chance ! C'est la troisième fois que vous essayez de faire cette course.

Nous finissons par chausser et partons vers le bas avant de mettre les peaux de phoque et les couteaux. Le temps se lève. Nous suivons la trace qui coupe quelques crevasses et parvenons à gauche du glacier des Périades vers 2 800 mètres où les plus jeunes, partis après nous, nous rattrapent et nous dépassent. Ils n'ont pas mis les couteaux ; Henri doit refaire le chemin dans la vieille trace où la neige soufflée par le vent s'est accumulée.

Je jette un œil aux barres de séracs qui nous menacent au-dessus et à droite vers les Clochers de la Noire et les arêtes de Rochefort. En fait la température est assez basse et les risques minimes. Nous buvons le délicieux thé au citron préparé par les gardiens. Ce breuvage agréable fait du bien au gosier.

– C'est super, dis-je à mes compagnons qui acquiescent d'un hochement de tête.

Je repense à cet itinéraire réalisé avec deux Argentéraux : Claude et Patrick qui très affûtés « se tiraient la bourre », tandis que « je ramais » derrière, ou à Calou Bellin qui avait un rythme extrêmement rapide lâchant tout le monde avant la rimaye, une autre fois.

Nous repartons et nous rapprochons du groupe d'Henri car les couteaux nous aident avant la fin. Alfred est en forme, Christian nous attend à la rimaye, il bricole même l'un de mes crampons pour que je n'aie pas froid aux mains. C'est un père pour moi. Nous mettons les skis sur les sacs, nous nous encordons et montons dans les marches qui nous conduisent à la Brèche. La trace est remarquablement entretenue par tous les alpinistes qui passent chaque jour. Henri passe la brèche, nous nous rapprochons. Je tire quatre à cinq longueurs avant la fin. Alfred est heureux, ça se voit. Christian se balade, content, bien qu'il soit avec deux anciens :

– Je me méfie des anciens, dit-il, ils ont plus d'un tour dans leur sac.

J'arrive à la brèche où Henri a laissé sa corde pour nous faciliter les manœuvres. Christian débouche, je le fais descendre directement sur le glacier du Mont-Mallet où nos prédécesseurs cassent la croûte, face aux Jorasses.

Alfred franchit le passage, je détache la corde d'Henri pour qu'il la récupère. « Le vieux guide » descend à son tour et, pliant sa corde, découvre deux autres personnes dont un ancien tenancier de *l'Hôtel de Lognan*. Le temps est superbe, le paysage extraordinaire. Nous restons une bonne demi-heure dans cet endroit fantastique avant de redescendre tranquillement rive gauche du glacier sous le Capucin du Tacul et près des deux gendarmes remarquables de la même arête.

Avant de partir, nous avons lorgné vers le refuge-bivouac des Périades qui a abrité deux personnes cette nuit ; peut-être sont-elles dans le couloir de l'aiguille de l'Éboulement où montent deux points noirs en face. Nous tirons à droite vers la base des Jorasses où se trouve une tente et des alpinistes immobiles. Au-dessus d'eux des traces mènent vers des goulottes fort raides que parcourent les assoiffés d'efforts et d'hivernales. Dire que Berhault et Magnin sont à l'Envers du Mont Blanc ! Quelle santé, quel enthousiasme et quelle classe ils ont ! Je suis admiratif de ce qu'ils réalisent autant que du paysage qui nous entoure. La Walker me ramène trente ans en arrière lorsque nous y étions avec Jean-Franck, Raymond et René. Ce fut une belle épopée.

Tournant le dos à la grande muraille, nous filons en godille à cinq de front sur le glacier de Leschaux pour bientôt rejoindre la Mer de Glace et ses touristes, dont nous faisons maintenant partie. Nous arrivons à la grotte et remontons en soufflant, les escaliers qui mènent à la télécabine et au train. Nous avons fait une belle course ce matin, tout le monde savoure la bière à l'arrivée à « Cham » où déjà une autre idée a germé.

Nous repartirons pour les Contamines après-demain, avec Christian qui a vu de belles traces hier sur le glacier d'Armancette. En fait, nous partons du village du Cugnon vers Tré-la-Tête, directement skis aux pieds, à part quelques mètres où nous devons les porter à la main, car la neige a fondu. Comme d'habitude, je lui dis :

– On part doucement.

Christian a la gentillesse de rester derrière malgré ma cadence plutôt lente. Nous arrivons vers l'école d'escalade des Plans où nous buvons un coup ; je repense ici à Pierrot Mandrick et Jean Murat avec qui j'avais gravi – il y a fort longtemps – une fissure côtée V+ au-dessus. La tempête a éclairci la forêt, il y a plus de dix ans, nous apercevons des cimes d'arbres échevelés et des rochers, comme « le Triangle » que je n'ai pas escaladé. Nous traversons des coulées venues des contreforts du Chaborgne et sommes bientôt dans le chemin qui mène à Tré-la-Tête. Christian a mis les couteaux, il a raison : devant nous des randonneurs ont déchaussé car la neige durcie par le gel rend certains « raidillons » pénibles.

Je les passe « à la force du poignet » et arrive bientôt au refuge où un « chirve » (habitant de Servoz) monté à pied nous dit qu'il a été plus vite que nous avec ses raquettes – son sac étant plus léger. Oui, mais à la descente ?

Marielle est la nouvelle gardienne de Tré-la-Tête, elle succède à Nes Orset et Colette qui étaient déjà là dans les années soixante, et à Roland Cuidet et sa femme qui ont fait l'intérim pendant plusieurs années.

C'est un beau belvédère avec le mont Joly en face et une grande partie du domaine skiable des Contamines. Des points noirs descendent encore « le Chon » vers le Lay. Plus à gauche l'aiguille de Roselette et la Tête de la Cicle, chère à Gaby Mollard, défendent l'accès au Beaufortain. Par le col du Joly j'avais rejoint Hauteluce pour « gagner du temps » avec les sœurs Girard avant d'aller à Peisey-Nancroix et au mont Pourri. Nous avions au passage admiré la photo de Franck Picard déguisé en indien avec un mot pour son oncle Jean, gardien d'un restaurant du col. Cela m'a rappelé l'histoire du ski français et les bons résultats en Amérique aux Jeux olympiques de Calgary. Marielle nous accueille comme elle le faisait au Promontoire, c'est-à-dire d'une manière très conviviale. Elle défait les charges que l'hélico a montées, aidée de Roland Cuidet, de son frère et de quelques autres. Elle prend néanmoins le temps de faire un brin de causette, ce que nous apprécions.

Nous nous souhaitons bon vent en repartant pour les Conscrits. Il fait chaud pour arriver au « Mauvais pas », de grosses plaques de neige posées sur les dalles menacent de tomber du dessus. Christian est rapide, tout va bien, nous filons dans la gorge vers le bas du glacier sur lequel nous sommes bientôt arrivés après quelques conversions rapprochées. Des glaçons tombent sur notre gauche à grand fracas. Un Anglais vient reconnaître le passage pour le lendemain.

Nous montons tranquillement sur le glacier de la Tré-la-Tête jusqu'aux séracs de Tré-la-Grande facilement contournés par la droite. Je pense aux guides des

Arrivée au sommet du grand mont d'Arêches, dans le Beaufortain.

L'hospice du Grand Saint-Bernard, blotti au milieu de son col,
est un lieu privilégié pour la randonnée à ski et la contemplation.
À l'horizon, on aperçoit le mont Fourchon.

Alfred Roelly lors de l'ascension du mont Mort (Grand Saint-Bernard).

Sur le versant italien du col du Grand Saint-Bernard, galerie de protection contre les avalanches empruntée l'été par des milliers de voitures, et l'hiver par quelques randonneurs à skis.

Les précurseurs de la peau de la phoque : Ravanel le Rouge et un client célèbre.

La descente des Miage sur le glacier d'Armancette, avec Christian Roth et Jean-Pierre Couttet.

Les aiguilles de l'Argentière en Basse-Maurienne.

Maurice Bozon et les Bouchayer dans le massif de Belledonne.

Les aiguilles d'Arve depuis Belledonne.

Le ski, c'est aussi « la descente en sorcière », comme à la patrouille des glaciers.

Surf sur le dos et raquettes au pied pour monter vers le Monte Leone : tribu de « Sioux helvètes » à la recherche d'une belle descente.

L'école de ski français d'Argentière il y a plus de quarante ans, avec notamment René Dufour (futur directeur), Fernand Audibert, Renée Fournier et Régis Mugnier.

Haut du couloir à Pierre Trappier, pentu mais sans risque ce jour-là.

*Le paravalanche et le Nant du Bourgeat
vus depuis le bas du couloir à Pierre Trappier.*

Vu depuis le Cervin, le massif du mont Rose propice au ski et à la randonnée.

Contamines : aux trois frères Simond : Robert, Dédé et Gaby sur la même moto venant voir mon oncle Marius aux Grassonnets. Tous trois ont disparu, c'étaient des guides et des skieurs solides, connus pour leur enthousiasme et leur force physique. Je revois Michel Mollard, toujours gaillard et alerte avec ses bâtons de ski. Combien de fois a-t-il fait les Miages ou le Tondu ? Lui seul le sait.

Julion, l'incontournable guide des Contamines a marqué lui aussi son époque avec ses vivres cachées près des cabanes, en saison creuse, son humour, sa bonne humeur et son sens du relationnel sans compter sa compétence en tout terrain. Maintenant je croise Francis Calamard le dernier guide paysan du coin, du Baptieux exactement, souvent en refuge, en vraie course de montagne comme on dit.

Revenant au présent, nous remontons directement sous le nouveau refuge des Conscrits d'où Bernard le gardien nous demande si tout va bien. Certes oui, l'arrivée est toujours agréable surtout après une si longue montée.

Des bouquetins mâles aux immenses cornes disparaissent derrière l'arête de la Grande, vers l'ouest. Nous faisons sécher les peaux de phoque et les chaussures avant de pénétrer dans l'escalier qui donne accès à la salle attenante à la cuisine. Nous ne serons que quatre pensionnaires cette nuit, plus les gardiens qui nous font visiter la cuisine moderne du refuge. Bernard nous montre même le déplacement des éléments de cloison permettant de réduire la salle commune, pour un meilleur confort et plus de chaleur. Vive l'entreprise Berruex ! C'est quand même bien foutu ! Il n'y a que le départ des tuyaux du poêle qui laisse à désirer : la place manque pour les grosses marmites sur cet indispensable appareil.

Nous faisons connaissance avec les deux autres personnes montées avant nous : un médecin de Dijon et un ancien hôtelier de Saint-Gervais dont le fils est guide à Chamonix. Cette rencontre est d'autant plus intéressante que cet ancien hôtelier porte le nom de Couttet et qu'il n'est autre que l'un des fils du célèbre Couttet Champion, qu'on appelait aussi à Chamonix, « Alfred à la Colaude ».

La conversation est donc toute trouvée et va durer fort tard dans la soirée, c'est logique. Nous parfaisons donc notre connaissance de la montagne et de ses hommes, évoquant le couloir Couturier à la Verte, les Aiguilles Rouges, le rocher des Gaillands, les Calanques, et Buis-les-Baronnies..., les Dolomites... Alfred Couttet avait bourlingué, c'est le moins que l'on puisse dire ! Il avait été le pionnier du ski aux écoles à Chamonix, il ne faut pas l'oublier non plus.

C'est lui qui m'avait demandé qui j'étais exactement, alors qu'il venait voir son autre fils au lycée d'Annecy. Ayant décliné mon identité, il avait aussitôt dit avec certitude :

– Tu es un Luc.

C'est-à-dire un descendant du Père Luc, en fait mon arrière-grand-père que je n'ai pas connu. L'un de mes oncles s'appelait également Luc, pour rappeler le prénom du grand-père. Cet oncle était mon *quinque incroit*, c'est-à-dire mon oncle curé. D'un an plus âgé que mon père, il adorait les marches en montagne et la pêche à la truite, activités qui l'ont maintenu en forme dans la région de Saint-Étienne-de-Tinée où il a longtemps exercé son activité pastorale (ou son ministère). « Alfred à la Colaude » grimpa encore aux Gaillands derrière Marcel Burnet un 15 août alors qu'il avait près de quatre-vingts ans. La montagne ça conserve…

Nous passons la nuit dans l'un des petits dortoirs de quatre places si agréables du refuge. Le réveil est facile. C'est encore la pleine lune. Nous petit-déjeunons et partons au travers de la pente qui mène au nord-est en direction du glacier de Tré-la-Tête, sous la pointe des Conscrits. Il ne fait pas chaud, je suis content d'avoir les moufles. Ce matin la neige transformée est dure, les couteaux sont utiles. Nous avançons en file indienne jusqu'au-dessus de l'emplacement de l'ancien refuge. Le spectacle est magnifique avec le mont Blanc et son arête des Bosses, versant italien, juste en face. Nous sentons la main gauche engourdie par le petit vent froid du matin. Nous poursuivons sur la gauche du glacier où apparaissent déjà quelques fentes surmontant les premières *bouernes* (crevasses).

Jean-Pierre Couttet n'a pas mis les couteaux, avec son petit sac sur le dos – il a mal aux reins – il avance encore à bonne allure et me raconte les nombreuses sorties qu'il a effectuées avec Charly Ancey, de Vallorcine. En fait, il me dit qu'ils sont là parce que Raphaëlle les a rencontrés l'avant-veille en disant que j'irai aux Dômes. L'occasion est trop belle de faire connaissance en ces lieux mythiques où nous sommes tous quatre animés par la même passion : la montagne. Un hélico, puis deux, puis trois, déposent des skieurs venus d'Italie au dôme des Glaciers, c'est la « querelle » des anciens et des modernes. Ayant effectué quelques déposes alors qu'elles étaient autorisées en France, je n'en garde pas un souvenir ébloui, mais plutôt un côté éphémère et frimeur des choses, l'ambiance n'y étant « pas très montagne ». Nous regardons les traces de descente de la face nord de Tré-la-Tête, elles ont un parcours étonnant près des rochers, peut-être le fait de *free-riders* » ?

Nous sommes maintenant dans la combe qui monte vers le col des Dômes, Christian est déjà au col – c'est beau d'être jeune. La grande crevasse qui barre cette combe n'est pas un problème pour le moment. Le soleil nous rattrape, la fringale me tenaille, nous faisons un casse-croûte très consistant. Nous nous rapprochons de la corniche pour voir de l'autre côté la vallée de Montjoie et les chalets de Miage en contrebas – chalets où j'avais passé en arrivant du col du Tricot – et les multiples traces de bouquetins et de chamois fuyant dans les pentes du mont Vorassay.

Fromage, jambon, pain sont rapidement avalés, le tout arrosé de thé au citron préparé au refuge. Ouf ! ça va mieux. Nous fixons les skis sur les sacs, mettons les crampons et dans la trace bien marquée, montons encordés au premier dôme. C'est le moment sublime de la journée ! Les uns derrière les autres sur cette arête de neige vertigineuse, nous sommes comme des fourmis avançant dans l'immensité glaciaire de la montagne. La pente à droite est verglacée fuyant dans l'ombre de la face nord. À gauche mon bâton troue la corniche qui frange l'arête. Trois points noirs avancent rapidement sur le glacier tout en bas, on dirait qu'ils font une course. Nous arrivons bientôt au deuxième puis au troisième dôme, c'est merveilleux ! Nous faisons quelques photos avant la descente, j'espère qu'elles seront bonnes.

Je chausse et démarre dans les traces où la neige est soufflée, dure. Je me souviens de descentes en crampons sur la glace où il avait fallu porter les skis en travers sur le sac pour ne pas être déséquilibré. En été le passage est souvent en glace noire, le long des rochers délités, la chute est interdite car les crevasses du dessous sont ouvertes.

Aujourd'hui, le risque est minime et nous skions sans problème dans la pente assez raide qui permet d'atteindre le col de la Bérangère – trois cents mètres plus bas. Nous sommes sur le glacier d'Armancette si célèbre et, contournant certains trous, cherchons la bonne neige ou ce qu'il en reste pour traverser à droite vers la pointe de Covagnet. La neige est tantôt poudreuse, tantôt soufflée, il faut alors chercher les zones de petites écailles, pour tourner facilement en ouvrant un léger chasse-neige et éviter d'être surpris : c'est souvent cela le ski de montagne, en plus on a un sac lourd qui ne permet pas la répétition des chutes !

Nous sommes sous les séracs du dôme qui ont belle allure vus d'ici et plongeons dans les pentes raides orientées à l'ouest. La neige est juste « décaillée » c'est-à-dire à peine ramollie, le ski devient facile, extraordinaire même. Nous avons près de huit cents mètres de descente excellente qui nous fait croire que nous sommes d'excellents skieurs.

– C'est génial ! lance Christian qui maîtrise bien la situation.

Le dernier ressaut pose un petit problème que nous évitons par un *colu* étroit sur la gauche. Faisant une halte non loin du lac d'Armancette, nous voyons quelques chamois dans les *varosses*, le long de ce dernier couloir. L'un d'eux lève la tête lorsque trois points noirs apparaissent au-dessus dans nos traces.

Les trois jeunes types qui montaient en courant sur la glacier sont déjà là, avec leurs sacs minuscules, en combinaison « Traab »[2], pour le premier qui nous dit être parti ce matin du Cugnon. Quelle santé ! Eux ne semblent pas intéressés par les chamois et filent le long du torrent. Nous suivons leurs traces, ce n'est pas ce que nous faisons de mieux.

Nous nous engageons dans une forêt dense où bientôt le copain de Jean-Pierre se retrouve coincé dans les arbres tête en bas, sans pouvoir bouger. Christian qui a des réflexes de médecin secouriste est plus prompt que moi à le dégager. Malgré une plaie à la face, il semble que tout aille bien ; tant mieux ! Nous slalomons sur la *dée* (épines d'épicéas) en forêt ; nos skis ne glissent plus, et, rattrapant le chemin de montée de la veille, parvenons au Cugnon dans l'après-midi.

Nous allons prendre une bonne bière chez Étienne Mermoud, aux Loyers, d'où nous contemplons les Dômes de Miage. Tout le monde est content : cette course est superbe. Étienne nous photographie avec les Dômes, le copain de Jean-Pierre est déjà en tenue de ville impeccable. Vive la prochaine balade !

– J'étais très heureux de te rencontrer, me dit Jean-Pierre.

– Votre compagnie nous a été très agréable, répond le vieux guide qui monte dans sa Subaru.

– *Arvi* Christian, à plus, fais gaffe en bagnole, c'est plus dangereux que le ski !

2. « Traab » est le nom d'une marque de skis de randonnée.

Promenade sur les terrains de mon enfance : les Chézerys

Nous décidons, Jean-Pierre et moi, de monter depuis Argentière vers les Chézerys, à l'automne. Les mélèzes roux gardent encore leurs feuilles, alors que les myrtilliers, les sorbiers se dénudent, même les aulnes ont perdu leur parure, ainsi que les bouleaux dont les feuilles jaunes nous font croire à des girolles – lorsqu'elles sont à terre. Mais des chanterelles il y en a encore, des grosses charnues, presque renversées le long des pierres moussues d'éboulis jouxtant la forêt d'épicéas appelée par mon père « la Chie ». En fait ces forêts qui s'étirent vers le haut de la Chauffria, vers Argentière, portent des noms ; l'ONF leur a mis des numéros. Prises par l'État français après 1860, on a tendance à dire que ce sont les forêts de nos grands-pères, de nos arrière-grands-pères ou arrière-grands-mères.

De la Joux, où il y a la forêt de la Joux bien sûr, avec le Suje cher aux Jorans, puis le Lanchy de la Joux avec une pointe en haut, le Béchard, la Combe, le Moentieu juste avant le Nant des Chézerys qui partage la zone en deux dans le sens vertical. Plus à droite, en partant du bas, c'est la forêt du Petit Nant, on a tendance à dire « P'tit Nant », puis le Caqueret et sa barre rocheuse avec un passage, « le Massindieu », par où les femmes montaient à la litière avec des hottes : Dieu que c'est raide et escarpé ! Plus à droite « la Chie » où « Joseph à Luc », mon père, empruntait son chemin favori le jour des demi-produits. (C'était l'occasion de s'acquitter d'un impôt communal par une journée de travail.) Plus en direction d'Argentière, la Corne au Bouc (et non pas la Corne à Bouc) et la Grand Lanche, avant le Crôt à la Vouarde et le Béchard, encore un sommet altier situé non loin de l'arrivée de l'ancien « télé » de la FIS. Voilà pour le décor vu du bas.

Nous partons d'Argentière au-dessus de la voie ferrée et passons au droit de Lioutraz, village des Devouassoux (les « Devouassoux à Rémi », du « Dahu ») et des Mouchet (l'oncle du lac Blanc). Que d'épicéas entre les pierres. Les blocs sont nombreux avec çà et là des touffes de coudriers ou de noisetiers. Les fourmilières sont très importantes et nombreuses, que veulent-elles nous signifier ? Jean-Pierre n'en a jamais vu d'aussi grosses, même dans les Vosges ! Nous trouvons des chanterelles énormes dans la forêt, à moitié retournées, peut-être par le passage des animaux qui sont nombreux si l'on en juge par les sentes, les crottes et l'attitude du chien Roméo qui part tantôt en haut, tantôt en bas comme une flèche, mais qui revient quand je le siffle. En cette fin du mois d'octobre les chanterelles sont rares, mais belles, encore bien jaunes dans les herbes ou le long des pierres moussues qui bordent la *bosnée* (la forêt). Nous montons tranquillement dans ces pentes escarpées, enjambant les troncs et les branches de bois mort, retrouvant parfois un bout de sentier où il fait meilleur poser le pied.

La moyenne montagne est rude, essoufflante et glissante. Il n'y a plus de myrtilles et que peu d'airelles ; seuls donc les champignons nous intéressent. Après cinq cents mètres de montée, nous arrivons en sueur sur la « route » de la Flégère que nous n'empruntons pas. Nous poursuivons vers le haut. Roméo a flairé un chamois, il se fait siffler. Il détale et revient quelques minutes après haletant, je halète aussi, mais pas pour les mêmes raisons ! Je retrouve quelques chanterelles où je ne m'y attends pas et repense à cette phrase de mon oncle l'abbé Luc : « Petites chanterelles, venez dans ma musette… » Nous finissons par rejoindre le chemin des Chézerys et du lac Blanc. Ouf ! La cueillette est convenable, nous continuons par le sentier normal et regardons un peu le paysage. Les barres rocheuses des Chézerys avec leurs tiges de fer et des murs pare-avalanches nous dominent. (Ces constructions avaient été faites peu après 1900 pour sécuriser la voie ferrée huit cents mètres plus bas.) À droite « la vie de l'échelle » permet de rejoindre après quelques gros blocs le chemin de l'Aiguillette d'Argentière qui redescend sous les barres de la Remuaz que les grimpeurs et les livres appellent les Chézerys, peu importe.

Nous arrivons bientôt à la cabane des gardes où Gilles nous offre un coup de « cabernet ». Ce n'est pas de refus ! Il est en train d'allumer le feu du poêle qui rougit instantanément. Je pense alors aux Demarchi qui venaient dormir ici pour la chasse, à Gérard, dit « le Gris », à ses frères : Roger qui « tenait » *La Floria*, Paul avec ses pieds coupés, fort guide ayant secouru des Genevois pris dans la tempête aux Aiguilles du Diable en hiver (dont Raymond Lambert et Erika Stagni).

Je pense évidemment à « José à Luc », mon père qui charriait la nourriture et les matériaux au lac Blanc en partant de nuit, seul ou avec le Kiki à Méryl, le mulet, très connu à Argentière avait été acheté par Meryl Ravanel au père Comte le boucher en 1945 lorsque son neveu Jeannot est né. Il l'employait pour les labours, pour charrier le bois, le foin ou toute chose à déplacer. J'entends encore Méryl crier sur son mulet qui ne voulait pas reculer : « Arrié ! arrié ! ». Je vois encore mon père dire à Louis Mouchet –son oncle–, tenancier du lac Blanc :

–Ton chemin n'est pas bon, le mulet risque de se dérocher, il ne peut pas passer.

En fait, des blocs tombés de la montagne seront remués, déplacés à l'aide de la barre à mine et le chemin sera miné plus haut… L'hélicoptère n'existait pas à cette époque…

Nous prenons congé de Gilles et suivons l'arête morainique, sableuse menant à la cabane des Chézerys. Le vent se lève, la Persévérance s'élance devant nous avec les aiguilles du Chamois à gauche, la Remuaz à droite. Déjà la neige recouvre les sommets et de petites coulées ont jailli dans les couloirs qui y mènent. Des silhouettes s'agitent sur le rocher du Van, promeneurs allant au lac Blanc dans la neige.

Roméo se met sur le dos et se frotte sur la première plaque de neige, il semble y prendre beaucoup de plaisir. La cabane des Chézerys est ouverte, Humbert nous accueille avec du bon bordeaux ; heureusement qu'il n'y aura pas d'autres cabanes avant la Flégère ! Nous parlons des consorts des Chéserys, de M. Locca, le moutonnier d'autrefois, et d'Albert Simond surnommé « Bodèdge » qui a retrouvé les cadavres des gars de Jeunesse et montagne pris dans la tourmente, puis dans une avalanche au-dessus des falaises des Chézerys, à la fin de la guerre de 1940-1945. J'étais enfant lorsque « Bodèdge » les a retrouvés et je me souviens que, chaque fois qu'il en trouvait un, il tirait un ou deux coups de fusil. Ces pauvres gars qui ont péri parce qu'ils manquaient sans doute d'expérience et de force ont leurs noms gravés sur le « monument » érigé au sommet et à droite des falaises. Leur chef s'appelait de La Rocque, il y a entre autres un Schmidt et un Platini.

Nous quittons Humbert et par le chemin très enneigé, filons vers le sud-ouest et la Flégère. La passerelle du Nant est en place, des traces de chamois sillonnent le coin : ils viennent boire au Nant des Chézerys, le déversoir du lac Blanc. Nous passons au-dessus de « Pire à cerré » (pierre au sérac) entourée de murs et en remontant légèrement parvenons aux Petits Chézerys, ancien alpage dominant le « Creux des grefnirs ». C'est alors que sept chamois détalent vers le bas au grand dam de Roméo qui n'a plus la force de les poursuivre tant il a couru déjà.

Le Chardonnet vêtu de blanc sort des nuages comme la Verte et les Drus : « Le peintre est passé. » Les Jorasses, Rochefort et la Dent du Géant sont camouflés par les nuages qui arrivent au niveau des Grands Mulets sous le mont Blanc. Le vent redouble de violence. Nous continuons par le chemin en balcon au-dessous des « Rèches » et du bois de la Trappe. Un coq de bruyère tout jeune s'envole des *bruvis* (arbustes, rhododendrons et bruyère) sans doute levé par Roméo qui semble reprendre de la vigueur. Nous passons aux alpages de la Flégère, devant la Chavanne où Marcel Bellin, des Îles, était berger, il y a longtemps. Les marmottes sont cachées depuis la première dizaine d'octobre, c'est le silence de l'automne, seuls les travaux nous font penser qu'on arrive dans un coin dit civilisé les jours de semaine. Bientôt la saison d'hiver va commencer pour le grand plaisir des skieurs et des surfeurs. Nous remontons tranquillement vers la station. Je pense à Bamban l'ancien directeur de la Flégère, à René Frosio, chef de piste, « le rouquin », très apprécié et écouté, car il parlait de ce qu'il connaissait. Un sacré skieur disait Marcel Burnet qui travaillait aussi à la Flégère en hiver.

Marie-France, accompagnée de son fidèle Lucerne, nous fait monter dans la cabine :

– Comment vont tes chèvres ?

– Très bien, dit-elle.

– Quand nous dessineras-tu les Chézerys, Marie ?

– Quand j'aurai le temps.

– *Arvi* donc, à la prochaine.

Nous n'avons pas fait une grande course aujourd'hui, mais nous avons eu beaucoup de plaisir à faire ce parcours fin octobre. Des souvenirs jaillissent d'autres suivront. Roméo dort dans la voiture, lorsque je reviens à la maison. Jean-Pierre est content.

Sept courses en huit jours avec Bernard

Mon ami Bernard, avec qui j'ai réalisé plusieurs centaines de courses en été comme en hiver, arrive de Paris par le train. Il est quatorze heures ce 28 juin 1986.

Nous allons aussitôt nous échauffer à la falaise de l'Aveyron en faisant le Pilier gris. Nous complétons par une voie du dôme du Chapeau et revenons vers dix-huit heures trente après avoir surmonté les derniers passages surplombant les gorges de l'Aveyron de la Mer de Glace.

Pour prendre un peu d'air, le lendemain, nous répétons « La rentrée des classes » à la pointe côtée 3081 mètres dans les contreforts ouest du Chardonnet. J'avais ouvert cette voie avec Françoise Girard l'année précédente ; c'est donc l'occasion de la refaire. À part quelques exceptions, j'ai souvent répété mes premières pour en faire les secondes et me conforter dans la justesse de mes appréciations premières, dans un souci de précision.

En fait, Suzanne Michel nous accompagne dans cet itinéraire D (difficile) sur neuf longueurs côtées IV/IV+, par grand beau temps. Nous prenons la benne de sept heures quarante-cinq et revenons à seize heures quinze, c'est donc plus long que l'éperon de Bayère.

Ce qui est sûr c'est que nous y sommes seuls et que, pour prendre le rappel du sommet, je dois remettre un anneau, celui que j'avais laissé, ayant sans doute été soulevé par le vent, était tombé dans le pierrier du dessous.

Nous décidons Bernard et moi d'aller voir Babette à l'Envers le lendemain. Pour nous y rendre, nous escaladons la voie des « Rodhodindons » (Rhododendrons) qui est plus en dalle qu'en pilier : encore une voie Piola ! Comme au Chapeau il y a trois jours ! M. Piola, un génie de l'équipement je vous dis.

Dans le secteur, il a d'ailleurs ouvert plusieurs itinéraires avec Georges Bettembourg originaire d'Argentière, cousin de Jean-Franck Charlet. Georges a sans doute été l'un des meilleurs alpinistes de sa génération. Plutôt grand, mince, brun avec une fine moustache, parfois il faisait penser au nageur américain Marc Spitz. Doué à skis comme en montagne, il est parti trop tôt lui aussi. C'est l'Argentereau qui a eu le plus de grandes courses à son actif en Himalaya, et pas n'importe lesquelles : le Broad Peak ; le Nupse par la face nord ; une grosse expédition au Kanchenzonga ; l'arête nord-ouest du Schwiling, en Inde ; une première au Kusum Kanguru ; la traversée du Makalu dans la tempête ; une tentative à l'Everest...

Il allait souvent en « expé » avec Doug Scott et les Britanniques. Georges avait aussi gravi les grandes faces du Yosemite. Je le voyais parfois au refuge d'Argentière ou dans la cour de l'école à Chamonix où nous parlions montagne et cristaux. Professeur à l'ENSA, cristallier émérite, sujet doué comme beaucoup l'ont été dans sa famille, je regrette de ne pas l'avoir connu un peu plus. Michel Piola a décidé de lui rendre hommage en appelant une voie ouverte avec lui la voie « Georges », ce n'est que justice.

Nous sommes à mi-parcours de cette voie des « Rhododindons », quand du haut arrivent deux gars en rappel, sans sac. La vie est belle. Nous montons chargés avec piolets, crampons et tout le bazar pour demain. Erreur !

Le temps est superbe lorsque nous débouchons sur la croupe sommitale avant de prendre le chemin de l'Envers.

Halte, casse-croûte, marmottes et marmottons pour le confort des yeux. Confort du sac posé à terre... sieste !

Nous regardons les montagnes qui nous entourent, qui nous dominent de toute leur puissance mystérieuse. Le chemin de gravier longe de belles dalles de granit gris ruisselantes de flotte. Le glacier laisse échapper ses torrents, ses petits ruisseaux, parfois ses blocs qui filent vers la Mer de Glace en bas.

Nous sommes bientôt attablés au refuge où le matériel sèche. Babette est la maîtresse de maison qui décrit toutes les courses et accueille son monde avec bienveillance et autorité :

– Ah ! vous allez aux Ciseaux ; un guide a laissé une corde à la rimaye, elle vous aidera.

Nous mangeons en silence dans la salle aux petites fenêtres avant de loger à l'étage.

– Demain vous vous lèverez à cinq heures, dit Babette, c'est suffisant.

J'ai déjà fait cet éperon Troussier aux Ciseaux avec Janine il y a quelques années. Mon fils Marc et Patrick Ancey, ce dernier arrivant seul de nuit au refuge, nous accompagnaient.

Maintenant, nous remontons ce glacier tourmenté d'Envers de Blaitière en nous souvenant de l'arête sud-est de Blaitière et de la Ryan au Plan, courses faites avec Bernard il y a trois ou quatre ans.

Ces départs le matin, sur des glaciers parfois tourmentés avec des rimayes béantes ne laissent pas que de bons souvenirs aux alpinistes endormis qui ont déjà dû s'arracher de leur paillasse... C'est là qu'il faut persévérer et avoir le moral. La suite se fera toute seule.

Nous nous aidons de la corde fixe pour franchir le mur qui surplombe la rimaye ce qui est déjà une épreuve. Nous grimpons ensuite sur des dalles bien pourvues en prises et pas trop raides ce qui permet d'enchaîner les longueurs tandis que d'autres cordées bataillent ferme dans la face sud du Fou bien plus à gauche.

Nous filons, comme le vent, jusqu'à la fin des difficultés et redescendons aussitôt en rappels successifs avec notre corde bicolore de quatre-vingt-dix mètres. La rimaye est plus facile à descendre qu'à monter évidemment, le glacier qui suit également.

Vers quatorze heures, nous déjeunons au soleil sur la terrasse du refuge.

– Alors ? Comment ça s'est passé ? demande Babette.

– C'est très beau, lui-dis-je, nous avons fait la voie sans aller jusqu'aux Ciseaux car nous ne serions pas là !

– C'est une très belle course, rajoute Bernard.

S'il y a de la place, nous dormirons encore ici. Bien volontiers. Le lendemain nous irons faire « Sonam », dans le contrefort du pic de Roc.

Nous ne sommes pas seuls ce soir. Plusieurs guides arrivent : Decorps, Hagenmuller, Dominique Marchal, des Helvètes, des Pyrénéens, des Italiens… Ambiance. La famille Menestrel arrive au complet. Jacques, le père, que j'ai déjà rencontré, a mon âge, il grimpe avec sa femme. Celle-ci déplore que leurs fils préfèrent le bloc à la montagne. Pour une fois ils sont montés…

En fait, les autres guides encadrent le stage d'aspirant guide. Babette est très à la hauteur devant toutes ces personnalités qu'elle connaît bien.

Ce refuge qui était assez peu fréquenté devient un campus de la grimpe grâce principalement aux ouvreurs qu'on ne louera jamais assez. Les grandes voies se font encore comme Grépon-Mer de Glace ou la Ryan au Plan, mais l'essentiel de la clientèle va dans les voies Piola… il faut bien en convenir. Le cadre est magnifique, le soleil arrive tôt le matin. Quel pied !

Nous sommes donc le 2 juillet aux prises avec les fissures raides de la voie « Sonam ». Bernard s'en tire bien pour ces huit longueurs athlétiques, tandis qu'à notre droite Dominique Marchal grimpe en baskets dans « Ambiance Eigerwand » sans souci…

Nous arrivons à la vire sommitale et revenons au départ en rappels. C'est ça l'escalade moderne ! À midi et demie, nous sommes de nouveau au refuge. Après avoir remercié la gardienne nous filons vers le Montenvers et la Vallée.

Le lendemain, un orage nous empêche de grimper l'éperon de Bayère ; retour par la benne des Grands Montets donc.

Nous reprenons cette même benne le jour d'après pour nous rendre au refuge d'Argentière. Nous y laissons du matériel et partons pour « Le dièdre central » à la face sud du Plateau. Cette voie que j'ai ouverte en deux fois, d'abord avec Daniel Burnier et Paul Martin, puis avec François Simatos, reste assez rude. Nous la faisons en chaussons et en libre, sauf pour quelques pas dont la difficile longueur du « Coin de bois » que Bernard trouve vraiment dure. Nous parvenons tout de même au Plateau, à 3200 mètres environ, que nous remontons pour revenir par la petite cheminée, les dalles et le petit rappel de la voie normale. Nous sommes dans la brèche des « Oreilles de lapin » et revenons versant glacier des Améthystes. Le soleil a disparu quand nous arrivons au refuge. Il est dix-neuf heures !

Nous dormons sur place avant de finir par l'arête du Génépi que je connais bien :

– C'est un peu la « récré » après « Le dièdre central », dit Bernard.

Certes oui.

Nous revenons vers onze heures à la cabane et croisons Guy Peters puis Rebuffet de Grenoble. Causettes donc, tandis que tiens, tiens, les Menestrel sont à leur tour dans la face sud du Plateau !

À regret nous revenons par le glacier à Lognan, nous laissant glisser sur les derniers névés. Bernard a réussi sa semaine : sept courses en huit jours. Nous sommes tous deux satisfaits, contents de voir arriver la pluie pour aller aux champignons et nous reposer. Marie m'attend pour le mont Blanc, Jean-Louis voudrait bien faire la Verte, Bernard repart par le train, jusqu'à la prochaine fois.

Cette semaine n'a pas été une semaine de grandes courses, mais de belles courses en montagne, c'était le but, l'envie de se faire plaisir, de se sentir bien sans grands risques mais humbles devant la montagne qu'on admire, qu'on respecte.

Et si l'on terminait par une course insolite ?

Hermann, Herbert et moi partons par temps gris aux Grands Montets.

Crampons aux pieds, nous descendons « le Pas de chèvre » de droite par le glacier, par les névés, puis sur des dalles avant d'arriver à la base de l'arête qui sépare les deux « Pas de chèvre » ou mieux, les deux couloirs du « Pas de chèvre ». Ce passage tire son nom du fait qu'une harde de chamois traquée par des chasseurs a passé par un collet d'un couloir à l'autre guidée par une chèvre. C'était au début des années 1900 paraît-il. À cette époque les vaches pouvaient du Montenvers traverser la Mer de Glace pour aller paître en face dans les prés de Bayère.

La grosse pierre de Bayère, avec son abri naturel, abritait, dit-on, les bergers chargés de surveiller le troupeau.

C'était une autre époque. Maintenant, quarante ans après l'ouverture du téléphérique des Grands Montets, l'hiver, cet endroit est un véritable champ de bosses jusqu'à la Mer de Glace. Les skieurs y déferlent en cohortes successives au mépris souvent des connaissances les plus élémentaires de la montagne. Le vieux mélèze foudroyé planté trois cents mètres au-dessus de la moraine se penche de plus en plus pour regarder ce grand cirque auquel, il faut bien le dire, nous participons un peu.

Les chamois eux, se cachent dans les *varosses* (les aulnes nains) ou remontent par petits groupes le long de l'aiguille à Bochard qui nous envoie périodiquement ses avalanches de neige fraîche ramollie par le soleil.

Les coqs de bruyères se planquent dans les arbres rabougris souvent cassés net par les avalanches venant de la calotte sommitale de la Verte.

Des lièvres détalent et, comme disait « Joseph à Luc », « s'embournent » sous les pierres.

Les perdrix s'envolent par petits vols, courent sur les corniches ou les arêtes avant de se fondre dans le paysage.

C'est tout cela l'ambiance du « Pas de chèvre » où coule le torrent du Nant Blanc.

Pour l'heure, Hermann, Herbert et moi sommes occupés à nous harnacher pour gravir cette arête, pour y trouver éventuellement quelques cristaux et voir si elle vaut la peine d'être escaladée.

Des marmottes nous sifflent du bas de l'éperon de Bayère.

Hermann qui a été longtemps entraîneur de l'équipe d'Allemagne de ski de fond est une force de la nature. Il a été deuxième à la course du Brassus du temps de Jean Mermet (skieur fondeur jurassien) et Mandrillon. Il a couru les Jeux olympiques. Herbert, lui, s'est cassé la jambe au Kandahar au temps où la descente se courait sur la « piste » des glaciers ! Autrement dit, je me trouve avec deux grands sportifs !

Nous commençons par grimper « en artif » (escalade artificielle) en se tirant aux herbes et aux arbustes, du bas de l'éperon jusqu'à une vire très moussue. L'escalade n'est pas jolie, elle est exposée. L'ambiance est cependant très montagne avec les Drus et la Verte à notre droite : fières montagnes entourées de nuages gris. Une jolie dalle à grattons nous amène à une seconde vire au-dessus de laquelle une fissure fend une autre dalle sur une belle longueur en IV/IV+ où je dois planter un ou deux clous.

Plusieurs cordées escaladent l'éperon de Bayère, à gauche, que j'avais ouvert il y a deux ans avec Armand Comte et Jean-Marie Roche. Je crois bien qu'il y a mon ami Yvon Masino avec ses stagiaires de l'ENSA.

Nous sommes maintenant sur le fil de l'arête assez aiguë ma foi. Le vent se lève, nous mettons les gants pour nous réchauffer. L'arête se couche, nous arrivons au fameux « Pas de chèvre » proprement dit.

La suite n'est qu'une continuation de blocs empilés et de caillasses. Nous sommes bientôt à même les pentes du glacier venant des Grands Montets. À notre droite un ski rouillé, à gauche des palissades tordues datant de l'époque où l'on faisait du ski d'été au col des Grands Montets. De cristaux point !

La pluie, donc cagoule, crampons pour remonter la pente et reprendre la benne pour Lognan et Argentière.

À dix-sept heures nous sommes à l'abri.

Sur mon cahier de courses j'avais écrit : « Longue course, sans intérêt majeur. » L'intérêt était tout de même d'être en montagne, la seule cordée sur cette arête dans une belle ambiance.

Hermann Möchel repart en Bavière près de la frontière autrichienne, Herbert sera à Lyon dans son bureau demain.

Il n'y a pas de petites courses, pas de petits sommets, seul l'esprit avec lequel on pratique la montagne compte.

Le couloir à Pierre Trappier

Nous sommes cent cinquante environ devant les portes du « télé » des Grands Montets à attendre qu'elles s'ouvrent. Il est neuf heures quarante et rien ne fonctionne puisqu'il y a entre quinze et vingt centimètres de neige fraîche tombée cette nuit… Où est le temps où nous étions skis aux pieds à huit heures vingt au sommet des Grands Montets ? Bien loin !

– Ça n'a jamais existé, lance Gérard.

– Tu n'étais pas là pour le voir dans les années soixante !…

– Et puis il y a les trente-cinq heures, vous savez bien !

– Ah oui, cette invention de la dame qui dit que tout le monde est nul !

– Moi je vais à la Haute Route, lance Patrick. Si ça continue, j'arriverai à onze heures au sommet et je mettrai les peaux à midi !

– Et tous ces énergumènes casqués qui braillent et qui poussent, où vont-ils ?

– Certainement sauter des rochers du côté de l'aiguille à Bochard.

Mon ami Daniel les appelait « les harengs du Nord ».

Devinette : quand un hareng du Nord rencontre une perdrix du Sénégal, qu'est-ce qui se passe ? C'est un hareng de la Baltique qui dans sa chute a heurté un choucas…

Nous allons, si ça finit par ouvrir, au couloir du Chapeau, c'est tranquille parce que ceux qui ont des sacs tout plats, avec la pelle, la sonde et le tuyau pour se rafraîchir n'y vont pas, ils perdraient trop de temps pour revenir au départ du « télé »… Et puis ils ne partiraient plus « des Grands », mais de Bochard.

– C'est quoi « les Grands » : les Grands Montets ?

– Oui, mais le glacier des Grands et la combe des Grands c'est en Suisse, derrière l'aiguille du Tour…

– Ah ?

Nous longeons les contreforts de l'aiguille à Bochard où des acrobates cherchent par tous les moyens à skier, surtout sur les rochers, c'est bon pour le moral et leurs casques brillent un peu plus que sur la neige, parfois même ils n'ont pas le temps de boire…

Notre couloir est superbe, bien en conditions jusqu'au ressaut rocheux du bas. Nous filons sous les sapins à droite et repartons à gauche sur la bosse où se trouvait « la baraque à Paul Mugnier » maintenant carbonisée. Le petit sentier du captage d'eau nous permet d'arriver au Chapeau où un gros chamois se cache dans les arbres. Guillaume skie très bien, il est ravi de cette descente, moi aussi. Nous arrivons au sommet du village du Lavancher. Il y a une quinzaine d'années, on s'arrêtait pour boire un coup... *Le Beau Séjour* était tenu par les Thomas qui avaient même acheté un petit bus bleu pour nous ramener à Lognan. On s'y retrouvait entre guides, on y mangeait des truites ou du foie de génisse persillé sur les tables de bois brunes près de l'entrée. « Roger à Benoît » venait faire son petit tour avec Armand et Freddy, l'ambiance était conviviale et l'accueil sympathique. Si Schmello était là, c'était encore plus drôle ! C'était aussi l'occasion de parler des conditions de neige, de faire des projets, de se poser.

Une heure plus tard... Les barbares casqués et « ensaqués » continuent de sauter les rochers vers Bochard en poussant des cris de sauvages, tandis que nous allons admirer les séracs du glacier en passant par le sommet des Grands Montets.

Demain, j'irai ailleurs car Gwendal Garrigue a pris son lundi avant de rejoindre son travail à Londres. Il a envie de faire sa deuxième randonnée, après le col des Autannes qui l'a converti à la peau de phoque et à la montée. J'ai une idée : nous irons au glacier de la Griaz et au couloir à Trappier.

Pierre Trappier est l'homme qui a descendu le premier ce couloir au-dessus du village du Pont. C'est lui l'initiateur de la randonnée dans ce coin peu couru et sauvage du massif. Natif du bas de la Vallée, établi aux Houches, il sort chaque dimanche avec des copains et Marie-Jo, sa femme, qui se défend encore très bien. C'est l'un des couples les plus assidus à la peau de phoque en hiver, à la balade l'été. Homme de terrain et d'expérience, Pierre fait connaître ses coins mystérieux à quelques privilégiés dont j'ai eu l'honneur de faire partie. On peut le remercier pour sa passion, son sens de la montagne et sa modestie.

Je préviens Gwendal :

– C'est autre chose que les Autannes, tu t'en rappelleras.

Il est jeune et en forme et accepte la proposition. Il loue des crampons en plus des peaux et des couteaux. Je lui prête un baudrier. Rendez-vous est pris pour huit heures quarante-cinq, le 10 mars, aux Houches où, comme aux Grands Montets, les skieurs attendent qu'on ouvre.

Nous arrivons à Bellevue et montons le long de la voie ferrée en direction du col du Mont Lachat. Il est près de neuf heures. Une plaque s'est décrochée entraînant toute la neige dans les couloirs du dessous. C'est gelé, nous sommes obligés de mettre les crampons pour traverser. Ça commence bien ! Nous remettons les peaux et arrivons au col du Mont Lachat avant de poursuivre au-dessus dans une large pente de neige soufflée. Pierre Trappier et son équipe y ont laissé leurs traces en partie effacées par le vent. Certaines pentes sont en neige dure, d'autres complètement différentes avec la trace presque en relief. Le ski aval « chasse vers le bas », je mets l'autre au-dessus de la trace et demande à Gwendal de se maintenir à une certaine distance derrière moi, c'est toujours mieux.

Lorsque la neige est soufflée et inconsistante et même parfois lorsqu'elle est dure, j'aime bien que l'on respecte un certain intervalle entre nous, le but des ARVA étant de ne pas s'en servir. Il faut autant que possible éviter les plaques si on arrive à les déceler en les contournant voire en changeant de direction. Nous faisons de belles traversées pour arriver sous les pentes rocheuses raides du Dérochoir où les traces de Pierre nous aident. Gwendal n'a jamais fait de montagne. Mais il est toujours là.

Profitant d'une plate-forme sympathique nous remettons les skis sur le sac pour gravir le court passage raide qui suit. Je sais que les Trappier et Henri nous suivent à la jumelle d'en bas, car ils ont été prévenus. Nous remettons les skis aux pieds dans une pente moins forte et en tirant à gauche parvenons à la base d'un couloir en bonne neige. Nos prédécesseurs y ont laissé de belles traces que nous suivons, encordés jusqu'à l'arête des Rognes.

Le couloir est splendide, nous y faisons quelques photos. Bien à gauche de la cabane des Rognes, sur un replat, nous rechaussons pour remonter le glacier de la Griaz en neige soufflée. La trace ne se connaît presque plus. Nous montons assez haut sous les contreforts de l'arête Payot de l'aiguille du Goûter et traversons franchement à gauche, franchissant une arête peu marquée avant d'arriver à un replat du glacier.

Nous enlevons les peaux et nous mettons en position de descente car le col est juste en face vers 3 030 mètres. En dessous nous voyons des séracs bien découpés. Gwendal a un coup de fatigue, c'est normal après cinq bonnes heures de montée et toutes les manœuvres effectuées : enlever les skis, mettre les crampons, ôter les crampons, remettre les skis, etc. Sans trop tarder je commence à descendre le haut du couloir qui n'est pas dur, donc pas dangereux. À gauche, c'est croûté poudreux, la chute n'entraîne pas de risque. Gwendal s'en tire assez bien, malgré quelques gamelles. En fait, il ressent la fatigue d'hier et de la montée de ce matin. Nous croisons les arabesques de nos devanciers, puis traversant à gauche empruntons un couloir secondaire bien exposé avec en face le Grand Béchard que je n'ai jamais gravi, même l'été. Gwendal dit :

– C'est géant !

Ce que je pense aussi. Des coulées déferlent de l'arête des Béchard qui nous rappellent que nous sommes en montagne et non pas uniquement à skis. Je vois la digue et ses mottes de terre mille mètres plus bas. En haut, les séracs du Dôme menacent notre couloir et le glacier du Bourgeat juste à notre droite.

Nous skions même maintenant dans une bonne neige poudreuse parsemée de petits fragments de glace venus d'en haut. La montagne, c'est dangereux, mais « ça vous gagne ». Gwendal a mal aux jambes, de plus il doit être impérativement à cinq heures à Chamonix pour pouvoir attraper au vol son avion… Nous héritons d'excellentes conditions vers Chavanne-Vieille et prenons le chemin qui traverse à gauche sous la montagne des Faux.

Nous traversons quelques couloirs avant de skier en forêt dans une neige lourde et molle. Un cerf, assis sous un épicéa, ne bronche pas, il ne fait pas un mouvement pour que l'on ne le repère pas, mais je l'ai bien vu. Nous abîmons nos skis sur une route forestière avant de parvenir au bord de la digue du Bourgeat, si caractéristique avec ses pneus empilés les uns sur les autres et remplis de terre. Nous traversons le torrent du Bourgeat et franchissons un dernier mur avant de rechausser et de refaire de la godille jusqu'à ma porte.

Coline ouvre la fenêtre et lance :

– Tu fais du ski dans le jardin maintenant ?

Je lui réponds que c'est la seconde fois que j'effectue cette magnifique descente que m'avait fait connaître

Pierre Trappier, du Pont. Il y a quinze ans, nous étions avec Jean-Louis Chalencon, Thérèse et Marc Bouchayer et Alfred Roelly. Nous étions partis du village de Bionnassay. Quelle montée ! Avant de repartir pour Genève, Gwendal me dit :

–Je m'en rappellerai du couloir à Trappier !

Quel compliment venant d'un marin.

La Haute Route

S'il est un itinéraire intéressant, c'est bien celui de la Haute Route, souvent parcouru entre Argentière et Zermatt. Parcours mythique entre deux stations de grand renom, c'est souvent l'aboutissement d'une saison de ski, voire même d'une carrière. C'est un rêve pour certains, un itinéraire souvent répété par les professionnels qui conduisent leurs clients jusqu'au pied du célèbre Cervin, après avoir franchi une kyrielle de cols et de sommets.

Il faut avant de l'entreprendre se préoccuper des conditions d'enneigement, du transfert motorisé entre divers points, des réservations en refuge et tenir compte de la météo qui peut vraiment transformer ce qui devrait être un plaisir en galère. Le col du Chardonnet est-il bon ? Est-ce que ça passe sans crampons à la Serpentine ? Arrivera-t-on à Furi ? à Zermatt ? Autant de questions auxquelles il va falloir répondre concrètement, sur place en tenant compte des capacités des gens qui sont avec nous, quitte à modifier l'itinéraire.

Nous démarrons donc des Grands Montets, trop tard à mon goût, pour traverser le glacier d'Argentière, avant de remonter vers le col du Chardonnet, l'un des premiers passages possibles permettant de rejoindre le glacier de Trient et le refuge du même nom par la fenêtre de Saleinaz. C'est une belle étape, très montagne, avec à gauche l'aiguille du Chardonnet hérissée de ses multiples pointes rougeâtres qui invitent à la grimpe. La trace est assez raide avant le plateau supérieur du glacier du Chardonnet, certaines conversions sont mêmes difficiles dans cette pente encore gelée. Un bâton dévale la pente, je le ramène à son propriétaire qui s'est assis :

–Surtout pas ça ! lui dis-je.

La caravane repart cahin-caha avant de s'arrêter sur le replat surmontant le changement de pente. Casse-croûte et boissons sortis des sacs « requinquent » le groupe qui repart lentement vers le col en pleine chaleur.

–N'oubliez pas la crème, lance Guillaume qui caracole devant.

Nous parvenons un par un au col où « ça bouchonne », car un autre groupe a du mal à se décider pour la descente versant nord.

–Je mets les crampons, lance Marie-Thé.

–Ce n'est pas la peine, lui dis-je, j'installe une corde fixe.

–Qui va la récupérer ?

–Moi !

–Et comment feras-tu pour descendre ?

–Ne vous en faites pas, c'est mon boulot !

Un par un, en dérapage, le groupe descend jusqu'au-dessous de la rimaye, peu marquée cette année.

Une cordée sort au sommet de l'aiguille d'Argentière, à droite, dans la face nord. Nous passons sous la Fenêtre du Tour, puis sous la Grande Fourche, avant de remettre les peaux. La montée à la Fenêtre de Saleinaz n'est pas très longue. Nous la finissons à pied, les skis sur l'épaule. Le soleil a déjà tourné, nous sommes dans l'ombre.

Je montre aux autres un autre itinéraire possible sur le glacier de Saleinaz, menant au refuge homonyme non gardé. Ah, je regrette l'ancienne cabane et son poêle à bois remplacé par des convecteurs électriques !

Revenons à notre col où nous enlevons les peaux avant de filer au plus économique vers le refuge de Trient, en coupant sous les Dorées dans une neige mi-soufflée, mi-transformée. Les Dorées portent bien leur nom, avec leur granit rouge, recouvert d'oxyde ferrique.

Les Dorées chères à la famille Crettex ; à Nestor qui pour redescendre la fissure Javelle sautait carrément dedans en poussant un cri ! J'ai eu l'occasion de lui lancer une fois la corde et j'en fus très fier. Nestor, au refuge, me montra ensuite comment se servir du calendrier perpétuel. Il me dit même :

– Tu es né un mardi !

Ce que j'ignorais et c'est vrai. Les Dorées c'est aussi la traversée des arêtes où j'ai eu la *baraka*, lorsqu'en rappel, je vis remonter un brin et me retrouvais subitement à plat, dos sur une terrasse, le sac ayant amorti le choc.

– Tu as un bon ange gardien, m'a dit Raphaëlle.

– Tu es encore là pour le raconter ! dit Xavier.

Je le sais, nous sommes souvent des rescapés de l'Alpe ! Les Dorées, c'est aussi l'arête Vouilloz-Cornaz à la

Sans Nom ou encore les voies modernes à la face sud : « Papillon serein » à l'aiguille de la Varappe ouverte par mon fils Marc avec Fred Devouassoux, « comparable à la voie des Suisses au Grand Capucin » disent-ils. C'est aussi « Éole » ou « Et voici le Vent », etc. Un paradis de la grimpe.

Nous glissons sur nos « palins », comme dit Lionel Wibault, un collègue guide de « Cham », et finissons par arriver sous la cabane de Trient. Thierry Amoudruz, le gardien, nous a repérés. Une brève grimpée à peaux de phoque nous amène à l'ouest du refuge fait avec le matériau du coin : la pierre. Bien intégré dans le paysage, ce refuge est difficile à voir de loin pour qui ne connaît pas son emplacement exact.

Je me rappelle aussitôt du premier gardien que j'ai connu, Rémi Buémi, des galoches à semelles de bois, du stage de guide fait en 1963 où nous y avions rencontré le stage des guides suisses avec Michel Vaucher. C'était le jour de la naissance de mon fils aîné Olivier. Le lendemain, il neigeait et après avoir grimpé et redescendu le couloir Copt aux Dorées, nous avions fait la *châle* (la trace) vers le col du Tour et le refuge Albert-Ier.

La cabane de Trient est magnifiquement située face aux Dorées, au-dessus du glacier à plus de 3 000 mètres. Les aiguilles du Tour surmontent la surface glaciaire vers l'ouest, comme de petites dents lointaines, pleines de mystère. Lorsque Rémi est parti, c'est Willy Berra et sa famille qui nous ont accueillis pendant une quinzaine d'années. Venant de Vouvry, non loin du lac Léman, Willy a été longtemps hockeyeur, sa femme Anny ayant couru à skis de fond. Ils sont maintenant à Anzeindaz, non loin du Miroir d'Argentine, où nous avons plaisir à leur rendre visite. Thierry, guide de haute montagne du Châtelard les remplace avec Fatima, c'est la vie. Les gardiens changent, les cabanes restent…

Nous mangerons des *röstis* arrosés de dôle, ce vin rouge du pays, avant d'aller dormir dans le dortoir au premier étage. Le lendemain l'étape sera plus facile, mais peut-être plus dangereuse à cause de la descente menant par une pente assez raide au niveau du col des Écandies. Nous regardons le coucher du soleil vers le Buet avant de sombrer sous la couette…

La nuit est toujours trop courte en refuge. Lorsque j'arrive dans la salle certaines caravanes sont déjà parties. La neige est dure, scintillante sous les skis lorsque nous dévalons sans encombre la bordure droite du glacier de Trient. C'est même très bon, juste à point ! Nous remontons quelques mètres à pied, jusqu'au col des Écandies où le soleil « nous frappe en pleine gueule », comme dit Guillaume.

La suite n'est qu'un enchaînement de virages tous plus beaux les uns que les autres, avec de temps à autre un arrêt pour se refaire le souffle et chercher les bêtes dans les pentes en face, sur les arêtes où pointent les touffes d'aulnes nains. Je finis par apercevoir quelques silhouettes de chamois occupés à manger leur maigre repas du matin, non loin des Clochers d'Arpette.

Cela me rappelle un souvenir de belle descente avec Anselme Baud, ses clients et Marc Bouchayer : le haut du couloir était assez raide, nous y avions mis une corde fixe, puis après avoir descendu les sept cents mètres du couloir, nous avions remonté le col des Écandies, avant de filer rive droite du glacier de Trient vers le village homonyme. Ce fut un grand moment de ski, avec une belle ambiance au départ et la chance de skier en compagnie d'Anselme, guide très pédagogue et efficace.

Nous finissons par arriver au bas du vallon d'Arpette, au restaurant tenu depuis plusieurs générations par la famille Merisier. C'est de cette auberge que nous sommes revenus faire la très belle traversée des Écandies l'an dernier avec Christian en compagnie de Lionel Wibault et de son client. Nous avions vu des bouquetins gravissant pas à pas le pierrier d'en face avant d'effectuer la remontée du « Rasoir ». Plus loin, « le Saut de l'ange » nous permit d'arriver au dernier ressaut, « la Remontée du grand rappel », avant le sommet. J'ai souvent effectué cette traversée d'arêtes en bon rocher ocre à gros grain un peu comme aux Dorées avec à droite le Val d'Arpette ensoleillé, à gauche le glacier de Trient au frais, dans l'ombre. J'y ai rencontré Jean Carrier, Fernand Pareau, Humbert Ravanel, Guy Devouassoux, Michel Ravanel, d'Argentière, le solide Jean Gaudin, d'Evolène ou encore Alphonse Vuignier. C'est un peu comme Charmoz-Grépon, mais en moins engagé, en plus paisible, donc à la portée du plus grand nombre pour peu qu'on n'ait pas peur de faire une marche d'approche de près de trois heures ! Nous prenons un solide petit déjeuner au Vallon d'Arpette en compagnie d'Élie Hanoteau et de son rire inimitable qui communique la bonne humeur à toute la tablée, certains ne pouvant plus avaler leur café au lait qui les éclabousse…

Nous filons à skis vers Champex (ne pas dire Champexe mais Champé), d'où un taxi nous emmène à Verbier, la grande station de ski de la commune de

Bagnes. Nous faisons la queue au « télé » avant d'arriver au col des Gentianes. La descente n'est plus qu'une formalité par la piste jusqu'à Monfort, le refuge tenu par Daniel Bruchez en plein domaine skiable. La cabane est devenue un splendide restaurant le jour, un refuge moderne le soir avec douches et petites chambres aux lits garnis de couettes. Quel confort ! On a même conservé intacte l'ancienne salle avec son bois vieilli par les ans recouvrant les murs, les vieilles photos et la cheminée. C'est le top ! La rénovation dans le respect des anciens ! Nous partons de bonne heure pour le col de la Chaux où d'autres caravanes nombreuses nous précèdent. Des sommets surgissent à droite : les Combins et leurs satellites. Il fait froid mais beau, tant mieux, ce qui a pour effet d'encourager les troupes. Petite descente sous le mont Fort, remontée de biais vers le col de Momin ; le glacier du Grand Désert est traversé avant de gravir la Rosa Blanche. Beau sommet, belle vue d'en haut sur le mont Blanc et les sommets qui l'entourent, c'est le bonheur vers dix heures du matin. Il ne nous reste qu'à redescendre le long du mont Calme vers Pra Fleuri. Un avion posé depuis une heure au moins n'arrive plus à décoller du glacier, d'autres avions arrivent pour le dépanner sans doute. Nous trouvons encore de la poudreuse au-dessus du refuge en longeant les pentes sous les contreforts du mont Blava. Nous quittons les skis – il est midi – et oui, c'est l'heure où l'on doit finir une descente fin avril ! L'ancien refuge, cabane de chantier datant des travaux réalisés, il y a bien longtemps pour les galeries et le barrage des Dix est devenu obsolète. Un nouveau refuge a été construit devant, avec toilettes et douches à l'intérieur, c'est le pied ! Babette, l'aimable gardienne nous accueille gentiment comme d'habitude.

Sa fille nous sert le thé, alors que d'autres guides arrivent : Jean Pavillard, de Leysin, habitant aux États-Unis très sympa, l'autre, Suisse également, avec des clients américains. La conversation s'anime sur la manière de pratiquer le métier, les perspectives d'avenir... Un groupe de la FFME débarque à son tour, ils sont nombreux et plus lents que nous. Le nombre n'est pas toujours un facteur de réussite... Ils occupent tous les lavabos et d'un seul coup la salle se remplit. On trouve un quatrième pour jouer à la belote en dégustant un syrah bien de chez nous comme dit la gardienne.

L'heure du repas arrive, l'heure de la vaisselle aussi :

– Passe-moi un *panaman*, dis-je à la jeune fille.

Elle a compris puisqu'elle me tend un torchon blanc. Les expressions sont les mêmes parfois d'un côté et de l'autre de la frontière, les habitudes aussi. La montagne ne divise pas les hommes, elle les rassemble, elle les fait même se ressembler. Nous refaisons le monde comme souvent en refuge et partons rêver sans se soucier trop du lendemain.

L'étape suivante, par le col des Roux rapidement atteint, une descente en biais vers le bas du glacier de Mourti, au-dessus de la Barme, nous amène à une très longue traversée au-dessus du lac des Dix. Nous rejoignons les traces descendant du col de Sévereau avant de franchir des blocs d'avalanches, dans les traces de la veille, sans trop pousser sur les cannes jusqu'à l'aplomb du mont Pleureur aux séracs menaçants. Une cabane de chasseurs à ma droite a d'ailleurs récemment abrité un de nos collègues et ses clients avant le Plan de la Gouille. Nous franchissons un dernier torrent avant d'arriver pile sous les rochers au « Pas du chat » où nous remettons les peaux.

Je pense à Marcel Burnet qui a malheureusement fini sa carrière ici. Je pense aussi aux anciens qui ont souvent passé par là: « le Grand Fontaine », Pierrot Couttet, Freddy Couttet, Fernand Audibert et bien d'autres pour qui la Haute Route n'était pas un terrain inconnu. Pierre qui est marathonien a le droit d'aller devant, il faut qu'il s'entraîne avant la prochaine course. Corinne reste derrière moi. Pierre rattrape les autres groupes et file sur le glacier de Cheilon, alors que nous montons à droite par un petit vallon qui nous amène juste au-dessus de Tête Noire et de la cabane des Dix. Le mont Blanc de Cheilon est en face, le Pigne d'Arolla à gauche avec la trace très marquée des « peaux de phoqueurs » louvoyant entre les crevasses. Nous arrivons au refuge des Dix.

Pierre Sierro a remplacé l'ancienne gardienne qui a pris un hôtel, *Le Refuge* à Évolène. Nous avons un jour de retard sur le programme, il nous accueille quand même en maître des lieux, habitué qu'il est à recevoir des clients, alpinistes de surcroît, ce qui n'est pas toujours simple avec la fatigue, les aléas dus au temps, à la forme... Pierre nous loge au premier:

–Vous serez serrés cette nuit. Le repas est à dix-huit heures trente, apéro pour tout le monde à dix-huit heures!

C'est organisé, précis, prévu: O.-K., ça marche...

Jean Blanchard arrive avec son groupe. Je suis content pour « Biquette » (le surnom de Jean Blanchard) qui *rebiole* après son aventure de la Verte. Il me parle de Christophe Profit, un alpiniste de haut niveau, très fort, guide super et sympa, ce qui n'est pas la moindre de ses qualités qui sont immenses. Un grimpeur qui a été au top niveau et qui reste un grand guide humble et avenant. C'est super! Michel Schneider arrive, ce n'est pas sa première Haute Route, il les enfile comme certains font des Vallées Blanches, c'est-à-dire les unes derrière les autres... Alexandre mon homonyme, cousin en plus, en est à sa première Haute Route, il est heureux, je suis content pour lui. C'est une recrue non négligeable du bureau des guides d'Argentière, lui aussi est issu de deux familles de guides au moins. Bon sang ne saurait mentir.

Les guides suisses viennent finir cette mémorable journée avec nous. Le nom d'André Georges est évoqué, lui qui est reparti à l'Everest avec Pierrot Ozenda. Pierrot que j'avais conduit aux Drus avec son ami René en 1978, avait montré sa forme physique en portant le sac de son copain plus âgé... Jamais je n'ai assuré Pierrot dans les Drus, il tournait déjà comme un avion... L'Everest, dont c'est le cinquantenaire de la première ascension, verra du beau monde cette année : Anselme Baud par le versant népalais et une équipe de plus jeunes par le col nord avec Olivier Besson, un petit neveu d'Émile Allais, Balmat par sa mère, et ami de mon fils Marc. Il y aura aussi Christophe Jond, de Praz, et Pierrot Blanc, de Courchevel, tous des purs, des guides, des gens de terrain. Nous leur souhaitons belle réussite...

Nous nous couchons fort tard avant d'affronter le Pigne d'Arolla, le lendemain. Le temps est au beau fixe, les peaux collent aux skis, en avant donc pour le plus haut passage de la Haute Route à près de 3800 mètres. J'ai la crève, je suis vieux, donc je vais lentement. Ça me plaît tout de même. La peau de phoque, c'est la plus belle approche de la montagne. Les guides que j'ai admirés faisaient tous de la peau : mon père, avec de vraies peaux de phoque, « Michel à Robert » (Ravanel), « Guy à Pic » (Devouassoux), Marcel Burnet parcouraient les sommets avec leurs skis et leurs peaux. Chaque sortie –même la plus petite– est une belle aventure. Lionel Wibault vient de finir la Haute Route, tout comme Gaby Mollard, des Contamines, ou Jean Franck, toujours en route. Jean Gaudin était aux Dix hier, Gilles Ravanel y sera demain. Les refuges et leurs gardiens accueillent les guides et les amateurs qui passent: c'est le but, un beau but. Délaissant la rêverie, le passé, l'avenir, je reviens au temps présent avec le raide passage dit de « la Serpentine » où nous montons à skis, mais de justesse. Certaines fois, il a fallu mettre les crampons et s'encorder. Aujourd'hui nous nous contentons de prendre les couteaux pour sortir. Je surveille Corinne qui suit bien. Le souffle n'est pas son problème. La seule chose est qu'il ne faut pas dévisser, car la chute pourrait être irrémédiable, sur la gauche en direction d'Arolla. Nous sortons tranquillement de ce traquenard, quand une personne arrive d'en haut avec ses peaux de phoque encore fixées sous les skis. J'espère qu'elle va attendre pour qu'on ne se croise pas avant le sommet... En fait c'est Alexandre qui vient gentiment voir si tout se passe bien pour nous. Je salue son bon esprit et continuant notre marche sur le plat qui suit me retrouve bientôt au col puis au sommet du Pigne à 3796 mètres où Pierre nous a devancés. C'est un moment intense, la vue est sensationnelle de tous côtés. L'Oberland avec ses grands 4000 à gauche, puis la Dent Blanche, faite par l'arête des Quatre ânes avec Michel Ravanel et ses clients: le chef d'orchestre Jean Martinon et sa flûtiste Johan en juillet 1969.

Cette arête des Quatre ânes à la Dent Blanche m'avait paru plus engagée que l'éperon de la Brenva réalisé quelques jours avant au mont Blanc. Le gardien du refuge de

Grand Mountet qui portait une cravate ne voulait pas nous héberger dans un premier temps – ce qui s'arrangera par la suite. Nous y étions trois guides d'Argentière dont Guy Devouassoux qui allait à l'Ober Gabelhorn avec les Fontaine, de Reims. Notre course fut conduite de main de maître par Michel qui était aussi à l'aise sur le rocher qu'en glace ou en neige. Les doubles corniches du sommet me laissèrent un grand souvenir, de même que l'orage pris à la descente près du « grand gendarme ». Je ne suis jamais retourné à la Dent Blanche et me contente maintenant de l'admirer en filant sur mes lattes.

Du sommet du Pigne on voit aussi le Weisshorn, le quatrième des Alpes, les 4 000 de Saas Fee chers à César Zurbriggen, le Cervin, le groupe du mont Rose et la Dent d'Hérens à droite. Alors que j'étais jeune, Henri de Ségogne m'avait dit ceci :

– Roland, si vous voulez être un grand guide, vous devez faire la Walker aux Jorasses et la face nord de la Dent d'Hérens !

J'ai grimpé la Walker, mais pas la face nord de la Dent d'Hérens. Je ne suis donc pas un grand guide, mais un guide encore debout. Toujours du Pigne et plus à droite, je distingue le Grand Paradis, l'Emilius et la Grivola. Je crois même voir trôner le Viso tout seul au loin, mais n'en suis pas sûr. Les sommets de l'Oisans sont reconnaissables en arrière de la Grande Casse et du mont Pourri avec les Écrins en fauteuil, la Meije de profil. Le massif du Mont-Blanc avec l'énorme pavé des Jorasses et le sommet très élancé de la Verte barre le paysage à l'ouest. Nous refermons l'arc de cercle vers les Dents du Midi, les Diablerets et les massifs qui se rapprochent déjà de l'Oberland au nord. Nous restons assez longtemps au sommet du Pigne, avant d'en redescendre dans les traces qui mènent au refuge perché des Vignettes. Seule l'arrivée glacée au passage abrité de la cabane nous préoccupe.

Ici aussi, les gardiens que je connaissais bien sont partis, remplacés par le fils de mon conscrit Camille Bournissen et sa femme venue du sud de la Corse. Nous aurons des sujets de conversation ce soir, tout en faisant la vaisselle. Nous refaisons une partie de cartes avec un nouveau partenaire – un vrai pro qui ne laisse rien au hasard – pendant que nos peaux sèchent sur la fenêtre du dortoir. Les « chiottes » sont pris d'assaut, le refuge est très fréquenté, même par les choucas. Nous faisons, comme aux Dix, un repas très correct, avant d'essuyer les assiettes, les verres, les couverts et de boire un bon canon avec le guide de Leysin, « Biquette », Alexandre, Michel et un guide renfort à la Compagnie – menuisier en intersaison. À plus de 3 000 mètres, on dit forcément plus de bêtises que sur le plancher des vaches, on s'endort tout de même en pensant à la Valpeline pour les uns, à Bertol pour les autres qui font une route différente.

Nous faisons un bon « youpet » avant d'atterrir pour le « petit déj » dans la salle, puis sur le glacier skis aux pieds, et là ça caille, ça réveille…, il fait moins quinze au col de Chermontane. Le plat est long qui mène au col de l'Évêque où je peine parce que je tousse : « Trachéite, m'a dit mon toubib, il faudrait t'arrêter… » Nous finissons par arriver à ce col, puis au col du mont Brûlé, laissant la cabane des Bouquetins à gauche. Nous y montons à pied, sans crampon, c'est très bon en ce moment. Le groupe d'Alexandre a une substancielle avance sur nous en direction du col de Valpeline.

Nous effectuons une courte descente avant de casse-croûter sur le glacier de la Tsa de Tsan. Il fait beau et chaud – nous en profitons –, ma crève ne s'arrange pas, mais je vais tout de même y arriver. Pierre file devant, tête baissée, Corine le suit à distance, je suis intrigué par le refuge Aosta en contrebas. Je tousse de plus en plus – c'est le froid du matin qui n'a rien arrangé – et finis par tenir le bon bout. En fait nous rattrapons quelques Grenoblois et filons sur le glacier vers Zermatt. Il y a peu de neige, nous restons donc par précaution assez près, des traces de montée. Les crevasses sont énormes, autant les éviter. Tout à coup, je leur crie :

– Regardez le Cervin, il est plus chouette d'ici que de Zermatt. À droite c'est l'arête du Lion, à gauche celle de Zmutt.

Mon grand-père, « Alfred à Luc » l'avait fait avant 1914 ! Je l'ai réussi plusieurs fois en traversée, avec Sylviane et Roger, avec Jean-Louis, avec Jean qui s'était fait mal au fond de la descente du Hornli. C'est une pyramide bien élancée que nous avons devant nous ! La Dent d'Hérens a une belle allure aussi avec ses séracs à droite. Mes compagnons sentent maintenant la fatigue, tandis que je reprends du poil de la bête. Lorsque nous arrivons au-dessus du rocher du Stockji, Pierre déclare :

– C'est un cadre unique, c'est exceptionnel, je reviendrai ici !

C'est une véritable déclaration d'amour à la nature et sommes d'accord avec lui : l'endroit est fabuleux. Nous prenons quelques photos avant de descendre la forte pente qui suit, non sans lorgner du coin de l'œil les séracs qui nous menacent à droite. La neige est bonne, les virages sont bien enchaînés jusqu'au grand replat du glacier de Tiefmatten. Je montre à mes compagnons le refuge Carrel de l'arête du Lion au Cervin où j'ai dormi plusieurs fois. Je ne parviens pas à discerner le nouveau refuge de Zmutt. La fin de la descente s'effectue sous le Cervin qui nous a éblouis tout-à-l'heure, qui nous domine maintenant avec ses séracs et son glacier juste au-dessus de nos têtes. Il est des endroits où il vaut mieux ne pas pique-niquer. De l'autre côté du glacier, sur la moraine, la cabane de Schönbiel trône au soleil avec peut-être déjà ses marmottes tout autour, plus tard ses fleurs... le printemps arrive. Nous arrivons à droite de la prise d'eau et traversant à flanc entre de beaux arolles, finissons par la piste où « la neige à canons » nous permet de glisser jusqu'à Furi d'où le » télé » nous transporte à Zermatt. Empruntant un taxi nous arrivons bientôt à l'hôtel *Bahnof* chez Mme Biner. Un train part cinq minutes plus tard qui nous descend vers Saint-Nicolas, à la voiture. C'est alors le retour vers Argentière et la fin d'un périple pour cette année anniversaire de la Haute Route, déjà centenaire.

Le Grand Saint-Bernard

Passage des Alpes franchi, dit-on, par les armées romaines, puis par Napoléon et ses soldats près de deux millénaires plus tard, c'est un col unique enchâssé entre le mont Mort et la Chenalette. Ce passage a incité Bernard de Menthon à y construire un hospice pour secourir les voyageurs, sans qu'ils aient besoin de décliner leur identité. Ce col a donc une histoire, ce qui est déjà très intéressant en soi. C'est aussi un haut lieu de balades en été, de peau de phoque en hiver, sans compter son aspect religieux, son environnement propice au recueillement.

Nous y accédons par le télécabine du Super-Saint-Bernard avec son petit tunnel, franchissant la montagne à skis sous ces arceaux métalliques éclairés par de petites loupiotes.

– Les grands, baissez la tête, sinon c'est la fracture du crâne et la chute !

Nous nous retrouvons versant sud, donc le matin, c'est gelé et plein de bosses.

– Évitez d'emporter du matériel trop encombrant et d'avoir des sacs lourds, c'est mieux pour le départ !, avais-je prévenu mes compagnons.

Après une centaine de mètres, tout rentre dans l'ordre, les chaussettes reviennent à leur place normale, la pente est moins rude, la neige meilleure. Nous traversons à gauche sous l'arête de Tchotaires et remontons vers l'un des cols de Barasson. Si nous sommes en forme nous allons à pied à la pointe de Barasson en quinze à vingt minutes. Du haut, la vue est belle sur le vallon de Menouve qui permet de skier directement vers Etroubles, comme depuis la gare supérieure du « télé ». Plus loin, sous le mont Vélan, se trouve ce fameux col d'Annibal très prisé des randonneurs et enfin le Mont Vélan lui-même, avec son refuge neuf en forme de navire où Marc a skié cet hiver.

Nous montons aujourd'hui au col est de Barasson pour faire quelque chose. La neige est parfaite, transformée ou poudreuse, c'est génial ! Alfred qui n'en est pas à son coup d'essai apprécie cet endroit frontière entre le Valais et le Val d'Aoste. Nous redescendons, croisant ceux qui montent derrière nous et projetons d'aller au mont Mort. Marie dit qu'elle s'arrêtera sur le plat du dessus. C'est son deuxième jour de rando de l'année. Le soleil frappe la pente, la neige devient molle : je dois « m'employer » pour faire une trace convenable car « ça chasse » vers le bas. Ah ! ces skis paraboliques ! La pente est de plus en plus raide et la neige de plus en plus

L'ancien refuge du lac Blanc,
construit et gardé par mon grand-oncle, Louis Mouchet.

Le nouveau refuge du lac Blanc construit et gardé par Jean-Charles Sage.

La cabane des Chézerys où le berger Laucas montait en alpages avant 1960.

Dans la voie « historique » : la Nord-Est de la Persévérance ouverte en 1925 par Armand et Georges Charlet.

Coline entame la deuxième longueur de la « Somone », près du Brévent.

Adrien et Antoine dans « Mickey Mouse » vers le col du Brévent.

Les copains Jean, Marc et Henri dans la nouvelle voie Méot au Vioz. Un régal !

Refuge-bivouac Federigo entre La Becca di Nonna et le mont Emilius.

Le sommet du mont Emilius par l'arête dite des Trois Curés, avec Michel Werl.

molle. Nous obliquons à droite vers une épaule, une centaine de mètres sous le sommet.

Nous allons descendre versant nord directement sur la combe des Morts. Alfred propose de rejoindre Marie-Thé en bas pour qu'elle ne traverse pas seule. C'est très sympa de sa part. Nous le surveillons dans sa descente et attendrons qu'il arrive en bas avant de partir de l'autre côté. C'est assez raide, mais la neige tient bien, Raphaëlle s'en donne à cœur joie, elle passe parfois devant pour le choix du terrain. Nous parvenons rapidement à quelques centaines de mètres des bâtiments du col que nous rejoignons à peaux de phoque. Alfred et Marie-Thé arriveront une demi-heure plus tard.

Nous sommes accueillis comme d'habitude avec un thé chaud qui fait du bien. Nous posons les skis et les chaussures en bas, dans ce qui devait être une écurie autrefois et montons nos sacs dans la chambre 409. À chaque étage, il y a des douches et des toilettes, c'est le grand confort !

Yvon nous accueille avec sa chienne Justi qu'il éduque pour retrouver les gens pris dans les avalanches. Cette *golden redriever* est très obéissante et affectueuse, un amour de petite chienne qui accompagne son maître dans la salle de projection le soir. Bernard Gabiou est là pour une balade rapide avant de rejoindre sa paroisse à Martigny. Il parle toujours du désert où il envisage de se retirer. Guide et prêtre, il a trouvé sa voie dans les grands espaces et la convivialité.

Nous faisons un tour au musée situé dans un bâtiment annexe. C'est très intéressant avec les restes des ruines romaines, l'histoire du Grand Saint-Bernard, la faune, les papillons… mais ça caille. Nous nous rendons avec les autres dans la chapelle, avant le repas et la séance de diapos présentée par Yvon dans la salle du fond.

Je retrouve un guide de Bonneval, Daniel Anselmet, qui avait fait son stage de guide avec Georges Bettembourg, Lionel Wibault, Richard Bozon entre autres. Deux autres guides savoyards sont ici aussi : Éric Charamel, de la Vanoise, et Éric Lazard, de Saint-Martin-la-Porte.

Devant une bouteille de dôle nous parlons d'Armand Culet, personne très respectée à Val-d'Isère comme à Bonneval, malheureusement disparue. Nous évoquons le nom de Raymond Couttet, des Tines, copain d'Armand, chasseur aimant travailler le bois. Je me souviens encore de Raymond qui sautait au tremplin à Argentière avec un style bien à lui, en même temps que Lucien Thivierge, le père de Michel et Hervé, qui fait encore du ski à quatre-vingts ans. Ces souvenirs sont beaux, ils méritent de faire revivre ces montagnards passionnés et humbles devant la montagne.

Éric veut m'emmener à la Croix des Têtes où il a ouvert de nouvelles voies, à droite en V+/VIa. Serai-je capable de suivre ? Il me parle de Jacky Marcotti, copain de mon fils Marc, de la passion de ce guide pour la grimpe à près de cinquante ans ! Il connaît bien David Ravanel qui dit de lui : « C'est un très fort grimpeur ! »

Les soirées en refuge sont trop courtes à parler du passé et de l'avenir. Le très célèbre « Blanc le Pape », guide de Bonneval ayant participé à une expédition au Kamet[3] est évoqué. Daniel me dit :

– Il n'a eu que des filles, il était rude parfois, dur avec les autres, alors que l'un de ses frères longtemps maire du pays était une « crème ».

3. Le Kamet est un sommet qui culmine à plus de 7 000 mètres, dans l'Himalaya.

Nous parlons de Régis et Yves Anselmet, les deux autres guides de Bonneval, du fils de Roger Tracq (mort en 1964 à la Verte) qui fait de la montagne et de Pierre Vincendet, le garde du Parc qui a pris sa retraite à Pontcharra…

Tout cela est bien loin du Grand Saint-Bernard qui nous protègera pendant notre sommeil. Maria, l'une des employée de l'hospice vient se joindre à nous pour le restant de la soirée. Elle nous préparera le petit déjeuner en avance à sept heures à la place des huit heures habituelles. Ce qui nous convient parfaitement. Elle a appris à skier au Grand Saint-Bernard où elle travaille depuis treize ans et met une heure et demie pour aller au Fourchon :

–Je ne m'arrête pas, dit-elle.

Nous sommes en route versant italien, pénétrons bientôt dans la première galerie en baissant la tête pour en ressortir avant le fond. C'est étrange de skier dans l'obscurité. Nous traversons une avalanche tombée il y a quelque temps et mettons les peaux sur un replat à côté de bergeries. Je regarde souvent du côté de Crevacol et du col de Saint-Rhémy où je n'ai jamais skié. Des projets mûrissent.

Nous remontons bientôt le vallon qui à droite du Pain de Sucre amène au Fourchon, sommet facile d'où la vue est superbe sur les aiguilles des Angroniettes, le Grand Golliat et le massif du Mont-Blanc. Le Dolent et les Dorées sont inondés de soleil, des traces sillonnent les pentes de tous côtés, c'est la grande saison de randonnée, les refuges sont pleins, les combes sont tracées, les glaciers traversés en tous sens. Même les chamois et les bouquetins commencent à se balader, les marmottes à sortir... Du sommet, nous revenons sur nos pas, mais par une autre combe et une traversée qui nous ramène à la route.

Après avoir remis les peaux, nous repassons dans « la galerie » et revenons à l'hospice où il y a de plus en plus de monde. Un jeune guide suisse est là avec la famille pour initier ses jeunes enfants à la randonnée – comme il a raison. Pierre et Bernadette nous ont rejoints, ayant laissé depuis peu la grande bleue et les quartiers chauds de Martigues. L'altitude se fait sentir. C'est normal.

Le lendemain nous ferons la Fenêtre Ferret d'en Haut, avant de repasser une arête pour descendre par la combe de Drône. Les sacs sont faits, nous partons devant le guide Roland Georges de Courchevel, rencontré l'été dernier à la traversée des Courtes (où il était en compagnie du skieur Bernard Orcel). Le col est vite atteint, nous traversons une centaine de mètres à droite avant de filer à pied, les skis sur le sac. Je sors la corde au cas où... Alfred ferme la marche crampons aux pieds.

La montée est amusante dans de grosses traces faites et refaites toute la semaine. L'arrivée au deuxième col est une apothéose. La descente est belle sur le névé du Capucin, puis dans la combe de Drône qui nous conduit à la route et à la voiture. Des chamois mangent en face sur les côtes herbeuses dégarnies de neige, ils sont quatre ou cinq allant d'un côté à l'autre, de leur alpage de printemps.

Tout le monde est content, la neige est excellente, le temps radieux, les muscles juste rôdés à ce genre d'exercice agréable, loin des foules et près du bonheur. Ces quelques jours passés au Grand Saint-Bernard ont été un moment de joie et de sérénité. Nous y reviendrons pour le col d'Annibal ou de Saint-Rhémy...

Les Salbitschijen en Uri

Depuis que René Mégevand m'a fait connaître ce site d'escalade, il y a bien longtemps, je le classe dans les « must » et en parle avec des souvenirs de beau granit qui donne l'eau à la bouche.

En fait, j'y suis souvent retourné, avec Bernard et Christophe, avec Josiane et Raphaëlle, les Girard, Herbert, Jean Sironneau, Jean Louis, Roger et Sylviane. J'y ai connu le beau et le mauvais temps. Certaines fois, comme avec Madeleine, nous avons dû nous balader de refuge en refuge avec la corde et les mousquetons dans le sac, sans pouvoir grimper, sous la pluie, vers ce refuge en reconstruction parce qu'emporté par une avalanche. D'autres fois il a fallu redescendre sous la neige, à l'automne, faire des achats à Andermatt, ou mieux visiter la collection de minéraux de Peter Hindergang à Goeschenen...

C'est loin la Furka ! mais le rocher est tellement bon qu'on y retourne, n'est-ce pas Martin Epp ?!

Avec Robert et Janine nous remontons le Valais vers Brig et arrivons bientôt vers le glacier du Rhône où nous nous arrêtons pour l'admirer. J'espère qu'il ne va pas fondre comme la Mer de Glace. Nous passons ensuite le col de la Furka cher à Cary Russi et redescendons vers Realp et Andermatt, véritable ville militaire avant de redescendre à gauche par la route en galeries vers Goeschenen.

De ce village avec sa *Bahnof* et sa *Mineralien « boutik »*, nous bifurquons dans le Göchental. Nous remontons ce petit vallon sur quelques kilomètres jusqu'au départ d'un petit téléphérique qui montera nos sacs à Regliberg à la limite supérieure des forêts. Comme d'habitude je trouve des girolles le long du chemin ; j'apprendrai par la suite qu'il était interdit de les cueillir !

On est en Suisse. Des vaches suisses, grises, aux grandes oreilles poilues et rondes mangent le long du chemin. Nous montons toujours dans ce chemin bien tracé jusqu'à nos sacs entreposés à l'arrivée du monte-charge.

Marc, mon fils, et Jean Villard qui feront une autre cordée nous accompagnent. Nous buvons une bière chez la grosse dame de Regliberg, toujours là depuis pas mal d'années.

Nous repartons vers le haut à gauche où court le sentier parfois dallé jusqu'au refuge. Hans Berger que je connais bien nous accueille gentiment comme d'habitude. J'ai même l'honneur d'aller m'asseoir à sa table dans la cuisine à côté de sa fille Angelika.

Salbithütte est un refuge magnifique, construit en pierres ; pierres prises sur place bien sûr, avec un bassin et un dallage où les habits mouillés sèchent vite.

Nous sommes bientôt réunis dans la salle octogonale du refuge pour le repas du soir.

Röstis à l'œuf avec jambon, le tout arrosé d'un petit vin de pays.

Par la fenêtre du refuge nous voyons notre arête de demain : l'arête sud ou *Süd Grat*. Robert fête ses soixante-dix ans en montagne ! Marc n'a que quatorze ans ! Quel décalage !

Jean prépare sa liste de courses pour le stage d'« aspi ». « Janine, comme dit Robert, grimpe comme une chèvre ». Il est vrai qu'elle trouve assez rarement les passages rocheux difficiles.

Nous dormons à poings fermés malgré le monde présent dans la cabane.

Demain, on ne risquera pas de se perdre !

Lever cinq heures, petit déjeuner, départ six heures. nous arrivons au pied dans les premiers et attaquons aussitôt les premières longueurs en shuntant la première tour, c'est plus rapide. Le début ne dépasse guère IV+, sauf si l'on se trompe, ce qui est mon cas. Je trouve néanmoins des cristaux, des petits, des Morions (cristaux fumés) !

Après la première brèche, l'escalade devient plus aérienne, plus sérieuse aussi comme dans « L'Éléphant », mais le rocher est excellent. C'est une course très esthétique, c'est pourquoi elle attire les foules. Des Allemands, des Suisses bien sûr, des Italiennes aux relais. *O mama mia !*

Nous arrivons, après les plus beaux passages, aux *Zwilling Sturm* (tours jumelles) d'où nous faisons un rappel. Nous arrivons bientôt au pied des dernières longueurs, plus faciles, et au sommet. Les deux jeunes s'offrent le sommet du sommet, flèche de granite pointée vers le ciel. Robert est ravi, Janine toujours très à l'aise fume une cigarette. Il est quatorze heures ! Nous voyons le refuge dans les prairies, neuf cents mètres plus bas, avec son drapeau qui flotte.

Nous entamons la descente par des vires et des gradins puis le couloir pierreux qui ramène à proximité du refuge. Hans Berger nous félicite. Il ne sait pas encore que Marc reviendra avec Sylvain et Jean Franck pour les tours de l'ouest dans quelques années... en un temps record.

Nous avons fait une belle course. Nous avons dû attendre une heure à un relais, mais qu'importe, le temps était beau, l'ambiance sereine.

– Le rocher est vraiment magnifique, lance Robert tandis que nous revenons vers Chamonix.

Il est minuit à l'arrivée.

Tout le monde va dormir, du granite plein les yeux. Vive le pays de Guillaume Tell !

Mont Emilius en Val d'Aoste (3557 m)

Ce sommet du Val d'Aoste paraît petit à côté du Grand Paradis ou de la Givola. Ce n'est pas une raison pour l'ignorer. Il n'y a pas de petits sommets ! Il n'y a que de petits hommes !

Marie-Thé, Françoise et moi, nous filons en voiture vers Pila avant de prendre le télésiège de Comboé qui nous transporte vers 2 300 mètres.

De cet endroit la vue est superbe, du mont Rose au mont Blanc. J'ai envie de dire qu'elle est unique ! Une grande partie de l'arc alpin avec une multitude de 4 000, et non des moindres, est en face de nous. Cela me fait penser à la fantastique chevauchée de Patrick Berhault qui a pris la liberté de gravir les sommets les plus réputés des Alpes par les voies les plus dures ! Quelle maestria, quelle santé !

On en reste encore ébloui quand on apprend qu'il fera l'année suivante tous les piliers de l'Envers du Mont Blanc et ses cascades de glace les plus ardues avant de gravir l'Everest. Il est des êtres d'exception qui comme lui savent rester humbles et sympas après leurs exploits. Chapeau M. Berhault !

Nous longeons un lac et montons vers une pente où zigzague un sentier jusqu'à un col, celui de Chamolé, avant de redescendre vers un autre lac et le refuge d'Arbolle. C'est un refuge neuf qui appartient à la commune de Charvensod, village situé au sud-est d'Aoste.

Refuge de pierre à la valdôtaine avec tout le confort : douches, grande salle claire où l'on sent l'arolle, cet édifice est presque luxueux ! Nous y sommes les seuls clients ! Des canards de Barbarie longent la rive du lac ! Des cochons, amenés par les airs sans doute, occupent un local rustique à cent mètres du refuge. Un cheval galope dans la prairie bordant un précipice ! Ambiance !

Le repas est très correct comme toujours en Val d'Aoste avant une nuit confortable sur des bas-flancs ultra modernes.

Nous partons au lever du jour le lendemain, le long d'un deuxième lac puis d'un troisième, « le Lac gelé », avant d'atteindre le col des Trois Capucins à 3220 mètres. Nous mettons la corde. De là, une arête facile et des vires donnent accès au sommet. La vue est encore plus belle que celle de la veille. Nous gardons la corde pour le début de la descente. Nous sommes assez rapidement au refuge d'où Françoise repart par le col de Chamolé et le « télé ».

Marie et moi descendons par un raide raccourci vers la combe de Comboé, remontons au col de Plan Fenêtre avant de finir à pied à Pila. C'est long! Il y a déjà dix heures que nous sommes partis du refuge!

Une quinzaine de jours plus tard, je reviens au mont Emilius pour mieux le connaître! Michel m'accompagne au refuge-bivouac Federigo. Cet abri est fait pour neuf personnes, nous y sommes six et choisissons les meilleures places puisque nous y arrivons les premiers.

Je descends prendre de l'eau dans un petit lac en contrebas. Le temps est superbe.

De nombreuses poutres tordues sont les vestiges d'un ancien abri qui a du mal vieillir en dessous!

Nous sommes à plus de 2 900 mètres, entre la Becca di Nonna et l'Emilius! C'est fabuleux.

Demain, par le glacier d'Arpisson et une brèche de l'arête nord-est de notre sommet, nous irons à l'arête dite des Trois Curés à l'Emilius!

La marche d'approche est longue. Nous évitons le col Peccoz et son éboulis pentu et gelé où les bouquetins semblent pourtant à l'aise.

Je vise une vire, un couloir et sors à une brèche de l'arête de la Tête Blantsette. Une contre-pente gazonnée nous permet d'accéder rapidement au pied de notre arête proprement dite.

Quelques tours assez pourries sont gravies par petites longueurs. Les difficultés ne sont pas élevées mais l'assurance est précaire. Ici, ni spits ni pitons!

Nous rattrapons une cordée de deux Jeunes d'Aoste partis plus vite que nous. Ils veulent redescendre! dans ce mauvais terrain!

Je leur déconseille et leur propose de les attendre à la montée. Ils nous suivent. Michel est fatigué, c'est très long ! À droite le grand mur noir où Gervasutti a tracé une voie. À gauche un éboulis jaune fuyant vers un glacier et un autre lac.

Il y a de l'ambiance, surtout lorsque je dois redescendre une tour sans assurance avec un pied-main à l'envers ! Nous finissons par surmonter le grand ressaut. Le sommet se rapproche, la pente se couche.

Nous n'avons trouvé que trois pitons pour ces quarante longueurs de vingt à vingt-cinq mètres qui ne sont que du III/III+. Nous sommes tous les quatre réunis au sommet et abordons la descente que je connais. Deux heures plus tard, Michel et moi sommes au refuge.

Nos deux collègues ont disparu. Il y a quatorze heures que nous sommes partis du bivouac !

La nuit est là, nous dormons au refuge d'Arbolla et reprendrons le col de Charmolé et le « télé » demain. Quand nous avons fini de manger, nos deux compères arrivent : ils se sont perdus ! Ils filent néanmoins vers le bas car ils travailleront demain. Nous sommes fatigués à cause de nos sacs lourds comprenant crampons, réchaud, nourriture…

Les trois curés se défendaient bien à leur époque : il y avait un Carrel, un Goret et le futur pape Ratti pour cette première, il y a bien longtemps. L'histoire mentionne que l'abbé Goret qui était en tête avait gardé la soutane. La première hivernale revint à Franco Garda et un ami en une journée aller-retour de Pila grâce aux peaux de phoque. Quelle santé !

Michel est ravi, moi aussi. Du haut du mont Emilius, nous avons vu l'arête sud de la Sans Nom aux Dorées, faite il y a deux ans.

Le Val d'Aoste a son parfum d'aventure avec ses sommets, son histoire, ses refuges, ses villages et l'accueil que nous réservent ses montagnards.

Nous y reviendrons pour une autre route, un nouveau sommet.

L'école de ski d'Argentière

Créée par les premiers moniteurs du pays il y a plusieurs décennies, alors que seul le téléski de Charamillon fonctionnait, cette institution s'est considérablement développée.

Marcel Charlet, André et Robert Ducroz furent à l'origine de cette école où le talentueux Rémi Devouassoux fit rapidement étalage de sa grande classe. André était avant tout un démonstrateur.

Vital Ravanel, guide à Montroc, en fit partie de même que Laurent Cretton. D'autres, plus jeunes, suivirent : Jean-Paul Charlet, Jacques Ravanel, de Montroc, André Arpin, Humbert Ravanel et Paul Fontaine.

Humbert qui était également guide fut un excellent skieur et courut le challenge des moniteurs jusqu'à la catégorie Vétéran, comme Francis Carrier qui fit une partie de sa carrière à l'UCPA. À plus de soixante-quinze ans, Francis est encore capable de passer facilement un slalom ! Quelle passion pour le ski !

Jean-Paul Charlet, le père de Gilles et Jean-Franck, suivit les entraînements de l'équipe de France. Je le vois encore gagner un slalom à la FIS alors que Rémi son aîné de plus de dix ans disait : « Ça glisse pas ! ça glisse pas ! »

C'était l'époque où l'école avait une poignée de moniteurs : une petite dizaine. Après la guerre, le téléski de la FIS fut construit de même que celui des Chosalets. Leurs pylônes de bois et leurs traces verglacées nous laissent de grands souvenirs. Le ski se développait. Le téléski de Charamillon est remplacé par un télésiège bi-place qui monte les skieurs jusqu'à Balme, en fait à dix minutes du col.

Des figures nouvelles alimentent les rangs de cette institution qu'est l'ESF. Les Devouassoux, de Lioutraz : les quatre frères, Raymond, Joseph, Daniel puis Hervé, tous excellents skieurs comme leur cousin Jean-Marie. Les frères Mugnier, du Tour : Georges, Albert et Régis qui enseigne toujours. Les Ravanel ne sont pas en reste avec Paul, « Popol », de Montroc.

Jean-Paul, des Chosalets, puis Bernard, dit « Binet », Roland et Fernand Audibert, du Lavancher, se joignent à nous.

C'est l'époque où certains travaillent aux cours « godilles » inventés par James Couttet, d'autres au Planet, avec une colonie de la « Chière » (aciéries de Lorraine), ou avec la maison familiale des Cimes. Nous avions un pull bleu avec une étroite bande transversale tricolore, des longues lanières et des skis de deux mètres dix.

À Balme, ça caillait malgré les couvertures vertes ou rouges, à la FIS, c'était souvent gelé et aux Chosalets les moniteurs n'aimaient pas trop enseigner.

Pour devenir moniteur titulaire c'était toute une histoire : être du pays, avoir fait plusieurs saisons complètes ou le double à temps partiel... Finalement, nous y sommes tous arrivés, mais il a fallu batailler ferme. Certains votes étaient chauds !

Alain Cretton est revenu de Courchevel, Xavier du Club-Med, Denis Stamos qui a été longtemps compétiteur puis entraîneur est venu également à l'école où il enseigne encore pour garder la forme qu'il n'a jamais vraiment perdue. Jean-Pierre Devouassoux a fait longtemps ses traces dans la profonde dès les premières bennes des Grands Montets.

Roger s'occupe énormément du ski de fond.

René Dufour prend la succession de l'ancien directeur qui ne se remettait pas souvent en question. Les remontées mécaniques se modernisent à Lognan et au Tour, l'école se développe, s'envole...

Mon frère Jacky enseigne également l'été, certaines années, mes cousins Jean-Paul et Bernard, plombiers l'été, skient tout l'hiver.

De nouveaux Mugnier, Devouassoux, Ravanel, Charlet font partie de cette structure qui accueille des moniteurs venus d'ailleurs. Les villages des Grassonnets et des Iles ne comptent pas moins de dix moniteurs dont les Félisaz qui sont nés skis aux pieds.

L'école actuelle comporte une centaine de monitrices et moniteurs. Dirigée de main de maître par Stéphane, Cédric et Carole, elle sait garder les jeunes du pays et l'on s'y sent bien. L'ambiance étant conviviale, on y retourne volontiers donner un coup de main pour Argentière, pour notre station, pour la Vallée. Il est en effet très important de s'y sentir chez soi, en phase avec les plus jeunes dans une ambiance saine et sans animosités.

Puisse l'école de nos anciens continuer à bien fonctionner, c'est l'effort de chacun qui compte à tout instant : effort de respect mutuel, de confiance et de bonne humeur. Argentière avec ses pentes, sa neige, les gens qui y vivent a une carte à jouer. Essayons de faire en sorte que cela dure le plus longtemps possible.

Dotée de trois bureaux, le central à Argentière, celui de Lognan et celui du Tour, l'école possède ses jardins d'enfants et ses mini-téléskis où se recrute la future clientèle.

Le bureau des guides fonctionne l'hiver en accord avec l'école de ski et tant qu'on y parlera le même langage le pari sera gagné.

L'ESF, c'est un travail de plus de soixante ans qu'il faut préserver. Le bureau des guides est bien plus ancien, rattaché à Chamonix il doit continuer à servir la clientèle locale comme il a su le faire depuis plusieurs décennies. Ces institutions sont un peu l'âme du village. Faisons-les vivre en encourageant les jeunes pour qu'ils y trouvent leur place et accèdent aux postes de responsabilités. Au moins, par ce bout-là, Argentière ne perdra pas son âme.

Les Perrons

La vallée de Vallorcine où coule l'Eau Noire est restée authentique et sauvage, à l'écart de la vallée de l'Arve, elle s'ouvre sur le Valais et la Suisse. Souvent isolée en hiver, elle a engendré une population très active et de caractère. De très fortes personnalités marquent l'histoire de cette petite commune.

Je me rappelle de Jules Vouilloz qui nous avait raconté que s'étant cassé une jambe au-dessus de Charamillon, alors qu'il était seul à la chasse, avait réussi à faire un feu pour donner l'alerte. Jules fut longtemps notre guide-chef à Argentière. Son fils Marcel disparut à la chasse derrière les Perrons dans les années cinquante. La pointe Vouilloz, aux Perrons, avait été gravie par l'un de leurs ancêtres, Félix Vouilloz, célèbre chasseur de chamois et d'ours ! Marcel Vouilloz était très ami avec un guide de Salvan : Robert Coquoz, aujourd'hui disparu. Robert était une figure du Valais et du monde des guides.

À Vallorcine les chasseurs de la génération précédente étaient célèbres : Marcel Ancey appelé « le Rouquin », passait avec son side-car bleu à Argentière en soulevant parfois la roue et l'habitacle de son passager. Une fois j'étais chez son voisin, Olivier Chamel, chasseur comme lui, avec des plateaux de mélèze. « Le Rouquin » me dit :

– Il n'est pas beau ton mélèze !

Je lui rétorque que pourtant il venait des Grassonnets. Il rajoute :

– Non, il ne vaut pas celui de la Villaz !

Je crois que je connaissais moins le bois que lui et ne répondis rien.

Olivier adorait la chasse et la nature. J'avais été content lorsqu'il me suivit avec un compagnon à la traversée du mont Blanc, quand j'étais avec la famille Bérard qui louait un chalet à Vallorcine. Il était capable de refaire une crosse de fusil, de régler un pistolet et de faire des meubles sensationnels qu'il transportait dans son fourgon bleu. Olivier avait toujours le sourire et quelque chose à raconter. J'avais beaucoup d'admiration pour cet homme adroit et jovial et pour sa femme Hélène qui a énormément de connaissances.

Mon père a longtemps travaillé avec Robert Burnet à la SNCF, il disait de lui :

– Comme beaucoup de Vallorcins, Robert sait tout faire, aussi bien en électricité qu'en soudure, etc.

Robert allait aussi à la chasse. Il nous dit un jour de son homonyme Alfred Burnet :

– Quand il tire un chamois, il ne manque jamais !

Alfred Burnet était aussi guide et s'est longtemps déplacé sur sa moto Horex au si joli bruit. J'ai déjà parlé de Louis Dunand et de ses sorties avec les « filles à la Payet ». Son copain Camille Chamel, maçon solide, se déplaçait lui sur une moto jaune, lorsqu'il se rendait au travail à Chamonix. Georges Ancey, qui avait de grandes responsabilités aux PTT, savait exactement le nombre de chamois fréquentant les Aiguilles Rouges ou la Diosaz. Il roulait vite avec sa 203 quand il me ramenait d'Annecy dans les années cinquante, alors que j'étais interne. L'un de ses petits-fils est professeur en Corse, à Corte, je crois.

Les Vallorcins savent tout faire dirait encore « Joseph à Luc ». Les plus jeunes vont toujours à la chasse, mais ce n'est plus pareil, ce loisir est maintenant très réglementé, la vie est devenue pour la plupart des montagnards plus difficile avec un rythme très accéléré, trop parfois.

Les frères Pache sont toujours passionnés de montagne et de chasse, c'est normal, c'est dans leurs gènes, de même que les plus jeunes Vallorcins qui se passionnent non seulement pour la chasse, mais pour leur vallée. Patrick, le maire, adore la montagne et le ski où il s'évade de ses dossiers contraignants. C'est un guide qui va en refuge, qui découvre toujours plus et c'est réconfortant. Thierry son frère est un passionné du bois, peut-être du mélèze de la Villaz, comme son père. Nous étions contents de passer une matinée avec lui au refuge du Couvercle. Il sait de quoi il parle car lui aussi est un homme de terrain attaché à son pays. Je suis heureux que Frédéric soit guide, passionné de ski (il a fait partie de l'équipe de France de descente) et de grimpe où il garde un bon niveau sans se prendre au sérieux. C'est ça la motivation. Je pense aussi à son père, mordu de ski, trop tôt parti. C'était mon conscrit, comme Paul qui sculpte le bois à merveille et skie encore avec la passion transmise à ses fils. La famille Berguerand, c'est la passion du ski.

À Vallorcine ce n'est pas un hasard s'il y a le Derby des Posettes qui rassemble chaque année près de cent vingt équipes, ce n'est pas un hasard si les filles de Luc Dunand ont fait tant de sommets et de balades et si d'autres s'y mettent. Cette petite vallée parfois coupée du monde est comme un creuset de passion pour la montagne sans artifice, sans frime ; il y demeure un parfum d'authenticité.

Au-dessus et au nord du village, frontière avec la Suisse, se dresse la chaîne des Perrons qui s'étire du lac d'Emosson au col de la Terrasse, un peu dans le prolongement des Aiguilles Rouges. Le rocher est cependant différent : mon ami Guy Devouassoux parlait du granit des Perrons, sa roche grise à grain fin se prête semble-t-il assez bien à la découpe. Les voies ouvertes en face sud sont récentes, à part la voie Gurékian de la pointe Vouilloz qui date des années qui ont suivi la guerre. La plus belle a été sans conteste ouverte par Roger Fournier au Pain de Sucre en 1966. J'ai regretté de ne pas être de la partie, mais malade, j'ai dû laisser la place à quelqu'un d'autre. Deux cordées réalisèrent cette première engagée : la première composée de Roger Fournier et Roger Charlet, dit aussi « Moser », la seconde de Jacques Dumas et Roger Ravanel. J'ai eu la chance de la refaire à plusieurs reprises et ne l'ai jamais trouvée facile, certains passages en traversée ne sont pas tristes et démontrent encore si besoin est la hardiesse et la détermination de Roger Fournier dont m'a reparlé encore récemment Jacques Dumas, revenu de ses Pyrénées natales. « Moser » (Roger Charlet) a souvent été le compagnon de premières de Roger Fournier à la Nonne, au Moine et ailleurs, avec des capacités certaines en rocher. C'était une bonne équipe. Combien de cordées sont-elles passées dans cette voie sans marquer de but, beaucoup plus qu'on ne croit... Maintenant –avec des spits– des directes, des directissimes, des variantes ont été tracées, de même qu'à la face sud du Grand Perron. Des lignes de spits croisent les deux voies que j'avais ouvertes dans les années 1970, l'une avec Paul Raddat, l'autre avec René Mégevand plus à gauche. Ces voies ne vaudront jamais celle du Pain de Sucre, le bas étant beaucoup moins raide.

Nous partons, Michel et moi, pour ma énième traversée des Perrons. Nous sommes en août 2000. Du barrage d'Emosson, nous prenons le chemin dit du col du Passet qui conduit sous les aiguilles du Van et les Perrons. Il y a longtemps, en tout cas plusieurs années, que je n'ai pas repris ce chemin qui monte, qui redescend, remonte, tourne en suivant les mouvements du terrain. Un chamois debout sur une arête au-dessus nous regarde passer puis disparaît. Avant d'arriver à la Combe de l'Ours nous remontons le long d'une sente qui nous mène à une première combe où notre chamois de tout à l'heure traverse un pierrier. Il n'est pas sauvage. Nous venons buter contre la base du Grand Perron et remontons un couloir en biais menant à l'Enclave où nous laisserons les sacs. Quelques surplombs bouchent le couloir qu'il faut franchir encordés. De la brèche où le vent nous fait nous habiller, nous dominons le versant nord, humide et blanc de givre. Nous escaladons la pointe Vouilloz rapidement, puis le Pain de Sucre et revenons à l'Enclave. Casse-croûte avant la cheminée qui suit. Celle-ci n'est pas obligatoire, mais j'ai envie de la gravir. Nous parvenons à sa base où pendent des anneaux de rappel. Je décide, vu l'étroitesse du passage suivant, de tirer les sacs. Pour du IV, c'est pénible, on doit se contorsionner et on sort essoufflé, les vêtements déchirés par certaines aspérités du caillou. Michel me rejoint. Nous reprenons les sacs et continuons jusqu'au sommet du Grand Perron. La vue est superbe sur le lac d'Emosson, d'un bleu turquoise, sur la Tour Sallière, au fond et à l'opposé sur le massif du Mont-Blanc et les 4000 du Valais à gauche.

– C'est une belle course, dit Michel en ouvrant son sac.

Second casse-croûte donc avec en face les pointes du Van qui étaient chères à Robert Coquoz, le guide de Salvan, parent avec les Coquoz de Chamonix. Nous repartons après avoir bouclé les sacs et redescendons en tournant à droite dans un éboulis de gros blocs que je n'aime pas. Je descends d'ailleurs devant contre la paroi en tâtant certains blocs. Ce mauvais passage ne dure que quelques minutes. On retrouve la petite arête dont je me rappelle bien puis la base du Grand Perron. C'est le calme. Nous sommes seuls. Nous avons eu toute la chaîne des Perrons pour nous aujourd'hui. Je me souviens ensuite avoir côtoyé dans cette combe des guides d'Argentière : Michel Ravanel, Guy Dévouassoux, Humbert Ravanel, Jean-Pierre Devouassoux, Joseph, « du Dahu »... plus récemment Maurice Cretton revenant du Pain de Sucre qu'il a fait souvent. Je me souviens aussi d'Alain Bermond venu faire l'une de mes voies avec Paul Claret-Tournier, ou d'Armand Comte avec son client Jacques. Les Perrons étaient à la mode à l'époque où l'on marchait. Nous redescendrons par Loriaz et le Couteray où nous avons laissé une deuxième voiture ce matin. Une halte s'impose au refuge de Loriaz tenu par Dominique avant de redescendre par le petit chemin dans l'ombre face aux Posettes. Près du torrent nous ramassons quelques chanterelles avant de revenir à Argentière de l'autre côté du col. Michel me dit :

– La traversée des Perrons m'a bien plu.

Je lui réponds que c'est une belle manière de connaître ce coin de massif, peu fréquenté, tranquille et sauvage à l'image de Vallorcine, pas encore dénaturé par les flux touristiques.

Balade en Basse-Maurienne

Plutôt que d'aller à la Haute Route, en Autriche ou en Ortles, nous décidons d'aller en Maurienne faire de la peau de phoque. Nous connaissons la Haute Maurienne pour l'avoir fréquentée à plusieurs reprises. L'Albaron, la Grande Aiguille Rousse et la Levanna ont déjà vu le bout de nos spatules à plusieurs reprises, c'est pourquoi nous décidons d'aller voir ailleurs, dans la vallée des Villards.

Marie-Thé qui s'est fait une entorse au Grand Mont d'Arêches la semaine d'avant ne sera pas du voyage, comme Michel qui a mal au genou. Alfred, retenu par ailleurs ne viendra pas non plus. Raphaëlle et moi devrons retrouver Roger et Sylviane pour une rando.

Nous partons donc de Chamonix sous la neige par Megève et l'Arly avant de remonter cette vallée des Villards où heureusement on avait passé le chasse-neige.

Nous posons nos affaires à l'hôtel du Glandon, chez Maurice Bozon, un cousin d'Alfred Bozon guide et moniteur de ski à l'EHM, il y a une vingtaine d'années.

Nous ne faisons guère que deux kilomères au-dessus de la station avant de mettre les peaux et filer dans trente ou quarante centimètres de neige fraîche vers le Glandon. Le ciel est gris, des nuages d'où s'échappent encore des flocons nous empêchent de voir les montagnes.

Nous arrivons à la Chal, ancien alpage où passent des pistes de ski de fond. De belles combes, certainement avalancheuses par gros temps descendent des contreforts de l'Ouillon où débouchent des remontées mécaniques issues de plusieurs stations, formant l'ensemble des Sybelles.

En face, c'est la fête des chamois qui broutent à l'adret le long de côtes déneigées. Nous en dénombrons une bonne trentaine, de vrais troupeaux. Des cerfs mangent plus bas, le long des bouquets d'aulnes, leur manière de marcher dans la neige n'étant pas la même que celle des cornus du haut.

Nous montons au-dessus d'un terrain de foot grillagé est parvenons au lieu-dit le Sapey. Quelques masures en ruines, sauf l'une d'entre elles qu'on a restaurée, résistent encore aux hivers rudes de la région…

Raphaëlle qui fait la trace s'arrête sur une borne kilométrique blanche et jaune qui indique le Glandon plus haut, Saint-Colomban plus bas.

Nous décidons de redescendre tant la visibilité est nulle. Nous sommes près du lieu-dit « Sous le col ».

Ayant effectué les manœuvres nécessaires nous revenons à la voiture et à Saint-Colomban. Il neige de plus en plus.

Nous faisons alors plus ample connaissance avec Maurice Bozon : ancien maire du pays, moniteur de ski, amateur très averti de randonnée, il nous parle de son village, de ses montagnes qu'il aime et qu'il fréquente à longueur de saisons. Il a même escaladé la Meije et la face nord de la Cima Grande di Lavaredo par la voie Cassin. Quel dommage qu'un accident l'ait empêché de devenir guide, il en avait l'étoffe et représentait vraiment son pays de montagne. Sportif accompli, il parcourt chaque année des centaines de kilomètres à vélo pour peu qu'il y ait des cols à franchir.

Raphaëlle lui dit :

– Il faut mettre un casque, le vélo c'est dangereux !

Nous dormons dans l'appartement « le Glandon ».

À notre grande surprise, il fait beau le lendemain matin. Nous optons, sur les conseils de Maurice, pour la Toussuire et les Sybelles.

En voiture, direction Saint-Jean avec en face la Croix des Têtes, bifurcation à droite vers Fontcouverte et les origines de René Collet que j'avais connu à Courchevel. Nous continuons vers la Toussuire et le Corbier, stations chères à la famille Augert et aux Vidal. L'architecture n'est pas la même que dans les villages des Villards, mais bon, c'est l'affaire des gens qui y vivent. De curieux immeubles ont poussé là, sans âme.

Nous prenons des télésièges et téléskis vers l'Ouillon d'où nous surplombons les Villards. Il fait beau et froid. Le Club de ski s'entraîne en slalom géant sur la droite. On ne fait pas semblant, on skie le long du téléski qui tourne, on remonte, on se bat contre les piquets ! Nous redescendons par un boulevard vers les Chalets d'Olle d'où d'autres remontées nous hissent vers le Petit puis le Grand Perron. Hier on transpirait, aujourd'hui on caille.

Du haut du Grand Perron, la vue est extraordinaire avec les aiguilles d'Arves vers l'est, fières et altières elles semblent comme un défi. À leur droite le Grand Pic de la Meije, la brèche du glacier Carré, la brèche de la Meije et le Râteau. Que de souvenirs ! À gauche, plus loin, la Vanoise avec la Grande Casse, voie normale juste en face. Plus à gauche, vers le nord, le mont Blanc sorti des brumes, imposant avec son arête de Peuterey.

Tournant le regard vers l'ouest nous ne voyons que des montagnes plus basses mais élancées comme le Grand Pic de Belledonne ou les aiguilles de l'Argentière, un nom qui nous est familier. L'Étendard, gravi il y a quelques années avec Hélène et Xavier, est tout près, à portée de main ; on le fait paraît-il à la journée... Les temps changent.

Nous redescendons, en cherchant le hors-piste, sur Saint-Sorlin-d'Arves, la faim nous tenaillant. Repas donc au bas des pistes où arrive tout un groupe de gens dont trois moniteurs de ski. Je dis à Raphaëlle :

– C'est le Conseil municipal de Saint-Sorlin !

Tout juste !

L'un des moniteurs se lève et vient me saluer :

– Robert Balmain, maire du pays et directeur de l'ESF locale.

Nous évoquons le souvenir de René et Jean-Marie Novel, de Robert Didier. Pour garder le souvenir de ces brillants skieurs et guides, une course de ski a lieu en leur honneur chaque année en fin de saison dans leur village. François Novel et Léon Didier que je connais sont toujours en vie, l'un à Chamonix le second dans le Briançonnais.

Robert Balmain a rendez-vous avec le patron des remontées mécaniques, M. Moulin, qu'on a écouté à la radio il y a quelques jours. L'idée de liaison avec les autres stations a fait son chemin : des villages qui périclitaient reprennent vigueur, les gens du pays partis travailler ailleurs reviennent. J'espère pour eux qu'ils resteront les maîtres de leurs villages, de leur territoire. Tout se négocie.

À Saint-Sorlin les moniteurs disent travailler avec des groupes, *idem* à la Toussuire où il y a encore dix enfants en fin de saison…

Leur saison se prolonge, notre journée aussi, avec le retour à la Toussuire : télésièges, téléskis, petites descentes faciles et enfin un hors-piste final jusque vers l'ESF de la Toussuire où Raphaëlle rencontre son directeur, Bernard Covarel, qu'elle connaît.

Le soleil s'en va, il neige même lorsque nous revenons à Saint-Colomban après avoir visité en vitesse Saint-Alban, plus haut, à droite.

Roger est arrivé depuis un moment, Sylviane ouvre la porte à son tour. Demain nous irons faire une randonnée bien qu'on annonce du mauvais temps.

Nous mangeons avec les sympathiques propriétaires de l'hôtel. La conversation roule autour de la montagne, il ne saurait en être autrement. Elle se prolonge d'ailleurs fort tard, lorsque arrive un guide italien de Bardonecchia, Sergio, qui après avoir fait demi-tour dans le mauvais temps vient récupérer son auto. Il apporte un gâteau en forme de colombe pour Pâques.

Après les salutations d'usage nous finissons par aller au lit. Il neige.

Le matin suivant, vers cinq heures et demie, Maurice marche en bas, il fait peut-être beau.

Je regarde à la fenêtre, il neige ; je me rendors.

Vers six heures trente on tape à la porte :

– Oui !

Nous allons petit déjeuner et préparons sans trop y croire le matériel, mettons nos godasses…

Nous nous rendons au village des Roches et parquons les voitures près d'un torrent qui surprend par son important débit. Une croix avec le nom d'un enfant qui s'y était noyé, un Bozon, signale le danger de l'eau qui fait un boucan me rappelant les torrents du Népal.

Nous partons à pied, skis sur le sac, par un chemin caillouteux, raide, qui longe à gauche la combe des Roches. Le rythme est rapide, je me laisse décoller jusqu'au moment où l'on chausse les skis. Maurice nous dit que le chemin menait à une ancienne mine de talc.

Des rails et des wagonnets sont restés longtemps dans le coin où le seul bruit reste celui du torrent.

L'allure de Maurice et Roger est rapide, en tout cas plus rapide que celle que j'ai en temps normal.

Cette étroite vallée est flanquée de coulées d'avalanches où résistent quelques bouleaux et trembles qui montent à l'assaut des pentes soutenant les escarpements rocheux qui les surmontent.

– Regardez la bestiole ! dis-je à mes coéquipiers tandis qu'un renard gagne de l'altitude dans un éboulis une centaine de mètres au-dessus de nous.

Raphaëlle trouve qu'il est bien foncé et rajoute :

– Il y a des loups dans le massif de Belledonne.

La bête monte toujours par bonds successifs et disparaît. Nous voici au plateau d'Orselles vers 1 700 mètres ; nous avons monté 600 mètres environ. Il neige. Il fait moite. Nous transpirons. Nous continuons sous la direction de Maurice. De ce plateau il y a plusieurs possibilités, nous irons au plus court faute de visibilité. Le col du Gleyzin est au-dessus au milieu. C'est notre but. N'ayant pas pris les couteaux, nos skis chassent sur la pente gelée recouverte de neige fraîche. Maurice et Roger mènent grand train.

J'aperçois une bête :

– Un bouquetin, crie quelqu'un.

Je rectifie :

– Non, c'est un chamois !

Sylviane me donne raison.

Nous casse-croûtons sur un léger replat. Le chamois traverse au-dessus de nous vers notre col dans des pentes et des barres de plus en plus raides. C'est un solitaire. D'anciennes moraines aux bords raides nous font nous employer un peu plus et je traîne moins qu'en bas. Je ne fais pas la trace aujourd'hui, je suis « l'invité ! »

Nous longeons une barre schisteuse et parvenons au dernier replat avant le col. À notre droite, Maurice nous indique le col des Fontaines et au-dessus le Grand Morétan que nous ne distinguons qu'à peine.

Il neige toujours, gare à la descente.

Je rejoins les autres au col où Maurice a déjà les skis aux pieds. De l'autre côté, une pente, une combe, sans doute le glacier du Gleyzin cher à Jean-Claude Carrin mon collègue de Chambéry, pion à Moûtiers en 1959-1960. Je me promets de redescendre de ce côté une autre fois, quand le temps sera plus favorable. Aujourd'hui nous faisons un aller-retour.

Nous effectuons nos premiers virages dans une neige convenable où il faut sentir la pente pour voir où l'on va. Oh le jour blanc ! Maurice a de la buée sur ses lunettes, j'en profite pour me rendre utile en lui prêtant mon masque.

Nous poursuivons notre descente, Maurice et Raphaëlle devant, Sylviane et Roger au milieu, moi en dernier. On ne voit pas grand chose ; il faut « ouvrir en chasse-neige » pour que la neige ne s'effondre pas sous les skis. La poudreuse recouvre maintenant la sous-couche qui est pourrie.

Nous parvenons tout de même au Plan d'Orselles et au chemin de la mine de talc ! Nos virages ne sont pas académiques, le but étant de ne pas tomber car il faudrait se relever.

Nous sommes trempés, de l'extérieur comme de l'intérieur.

Je quitte les skis et file à pied derrière les autres qui dévalent le chemin de ce matin vers le hameau des Roches où les maisons retapées ont les volets clos :

– Des résidents secondaires, me dit Maurice dont la commune a quelques trois cents habitants pour une surface très alpine de huit mille hectares.

Nous le remercions pour cette belle balade en nous promettant de revenir par beau temps.

C'est un retour humide qui nous attend sur Chamonix où la neige tombe encore lorsque nous arrivons.

Escapades vers le Sud

La saison se termine, les froids reviennent, les chaleurs de l'été s'estompent. Les sommets revêtent leurs capuchons blancs, les mélèzes rougeoient près du col des Montets. C'est l'automne, bientôt l'hiver.

Non contents d'avoir grimpé tout l'été, nous voulons descendre vers la Drôme ou plus bas pour continuer les efforts physiques et l'escalade dans un climat plus doux. Je téléphone à Robert Romanetti qui me conseille « Le grand parcours » à la Sainte-Victoire.

C'est décidé nous partons à quatre dans une voiture bourrée de matériel par Grenoble et Lus-la-Croix-Haute avant de filer sur Aix-en-Provence où nous logerons chez la sœur de Marc. Pierre, qui est de garde, ne se joindra pas à nous, le temps libre étant trop court. Nous n'irons pas aux Calanques malgré l'envie de bouillabaisse de Marc…

Nous voici à la Sainte-Victoire, dans les voies de droite. C'est raide, lisse, bien équipé. De nombreux grimpeurs colonisent les itinéraires. Marc grimpe avec Christophe, les jeunes ensemble… Les moins jeunes iront dans des voies plus abordables.

Jean et moi évoluons à tour de rôle en tête, plus à gauche lorsque la place est libre. Le temps est superbe nous quittons la chemise. Des dalles de trois à quatre longueurs sont franchies, nous lisons même sur le topo de Daniel Gorgeon qu'elles sont en Vc ! Nous ne sommes pas nuls donc !

La journée se passe à essayer de nouveaux trucs, c'est le pied, on ne perd pas son temps ici. Nous buttons cependant devant un passage côté VIa et revenons à la case départ.

Retour à Aix, donc pour un repas bien mérité avant de revenir au même endroit mais par temps gris. Cette nuit on a éventré la vitrine de la Maison de la presse de Puyloubier apprend-on… Quelle époque… Plus de topo en vente ! Nous nous rendons donc chez l'auteur, Daniel Gorgeon, qui nous offre le café.

Nous sommes au pied de la voie appelée « Masques de pierre », tout est humide, il pleuvine, un seul point d'assurance pour la première longueur ! Les jeunes poursuivent au prix de mille et une difficultés tandis que nous redescendons en rappel ! Des gamins de six ou sept ans d'Embrun montent la fissure en baskets ! Qu'est-ce que ça va être quand ils auront des chaussons !

Jean repart dans « La mouche », effectue un relais dans une niche qui nous abrite de la pluie avant de repartir dans une dalle mouillée à gauche. Il pleut maintenant. Nous redescendons tous et cherchons un restaurant dans la grisaille, sous des trombes d'eau…

L'un d'entre nous pense qu'il fait meilleur plus au nord. Nous filons vers Buis-les-Baronnies non sans faire des kilomètres supplémentaires au pied du Ventoux encapuchonné de brumes. Nous finissons par arriver au gîte *L'Ancienne Cure*, chez Éric Fraipont qui nous attend.

Chemin faisant nous nous octroyons ou nous enlevons réciproquement des points à nos permis de conduire. La bonne humeur est de mise.

Nous dormons « comme des masses » et savourons le « petit déj » de Mme Fraipont, chef des confitures. Si on grimpe aussi bien qu'on mange, ce sera du grand art.

Nous filons vers le nord-ouest et le Diois pour essayer une dalle inclinée, le Claps, conseillée par Henri. En fait, il s'agit, un peu comme à Derborence d'un gigantesque effondrement de blocs datant du XVe siècle suite à un tremblement de terre. Les blocs sont gros comme des maisons, certains plantés comme des aiguilles laissent juste le passage à la route qui mène vers Die. Un barrage naturel a même retenu la Drôme et favorisé la formation d'un lac avant que les religieux, nous dit-on, aient percé un tunnel pour que la Drôme s'évacue vers l'aval. C'est « le Saut de la Drôme ».

Nous laissons la voiture non loin du défilé et grimpons entre les blocs, tournant à droite ou à gauche, montant sur certaines grosses pierres, redescendant parfois d'un autre côté pour finir par atteindre la base de la grande dalle du Claps.

Trois personnes s'équipent pour l'escalade et partent.

Nous faisons deux cordées : les jeunes et les vieux.

Le début est très peu raide et la corde file à toute allure dans les mains de celui qui est au relais.

Nous doublons la cordée de trois qui, malgré la voiture immatriculée « 13 », semble être de Grenoble.

Nous filons comme le vent, sans sac, mais avec un anorak et un bonnet. Je transpire. Deux aigles sillonnent le ciel suivis d'un vol de douze rapaces : des vautours, « oiseaux grégaires en réintroduction dans le Diois », mentionne le topo. C'est hallucinant !

Nous effectuons les dernières longueurs, plus raides et plus lisses que les précédentes et arrivons au sommet ou plutôt à l'angle formé par l'arête et un vague promontoire menant à la crête.

Huit à neuf longueurs qu'il faut redescendre en rappels, c'est long, que de manœuvres à faire… Nos bras sont plus fatigués par les manœuvres de corde que par l'escalade ! Nous parvenons aux sacs avant l'autre cordée, revenue à pied par le côté, et dévalons un petit sentier par la droite jusqu'à la route. Nous sommes satisfaits de cette escalade « toute en dalle » sur un rocher bosselé et rugueux.

Nous rentrons par les cols de Grimone et Lus-la-Croix-Haute avant de traverser Grenoble et « jouer à Vatanen » sur la route d'Héry-sur-Ugine.

De retour à « Cham » où l'on ne peut plus bien grimper, je n'ai qu'une envie : retourner au Claps. C'est génial ! Bien dans mes cordes !

J'y retourne dix jours plus tard avec Marie-Thé. Apercevant le mont Aiguille au passage, nous allons à Chichilianne où tout est fermé : c'est le 11 novembre. La neige borde la route lorsque nous gravissons le tortueux col de Menée.

De l'autre côté c'est tout sec ! La descente longe les Aiguilles de Bénevise : quel joli nom !

Nous sommes près de montagnes célèbres avec le cirque d'Archiane et, plus loin, la montagne de Glandasse. Ces noms chargés d'histoire me rappellent d'autres noms : Livanos, Lepage, Leprince-Ringuet, ou encore Flematti, Desmaison et Marmier. Des souvenirs se sont inscrits ici depuis des décennies.

Des tours rougeoient aux derniers rayons du soleil. Nous descendons dans l'ombre et finissons par aboutir à Luc-en-Diois près de notre Claps.

Le gîte de la sympathique famille Robin nous hébergera, aux Grangiers, à deux kilomètres de la route, face au Claps. Une cinquantaine de chèvres agrémentent la ferme où le jardin potager produit encore pommes de terre, poireaux, salades… Un paradis quoi !

Nous mangeons à Beaumont, *Chez Lucette*, avec sauté de veau, frites maison et craterelles fraîchement cueillies s'il vous plaît. C'est sûr, je reviendrai au Claps ! Nous parlons forêts, prix du bois, gibier, renards mangeurs de poules, putois, devisons avec le propriétaire qui parle vrai. Il aime sa terre, il aime son pays, sûr. Il y a encore des gens de terrain, c'est réconfortant.

Le petit rouge de Châtillon-en-Diois n'est pas mal non plus. Nous remontons chez Laurence et Pierre-Emmanuel où d'autres hôtes sont arrivés avec un gros chien noir qui aboie à notre approche. Le ciel se couvre c'est dommage !

Les nuits sans bruit de moteur, avec pour réveil le chant du coq sont un privilège rare. Elles sont rarement d'actualité de nos jours.

Petit déjeuner à la ferme, explication de Pierre pour l'approche et le retour, départ malgré la bruine, nous sommes venus pour cela. Nous filons au-dessus du « Saut de la Drôme » vers un petit parking où plusieurs voitures sont garées dont une rouge immatriculée « 74 » !

Des casques jaunes s'agitent autour de gros blocs tandis que nous montons par un chemin relativement commode vers le bas de notre dalle. Nous y sommes. Il fait très gris, je suis sceptique quant à notre réussite.

Tandis que nous nous préparons, un chamois traverse tranquillement une vire cent mètres plus haut. Puis deux autres : une mère et son petit, en pleine dalle !

Nous prenons deux cordes au cas où il se mette à pleuvoir, ce qui nous permettrait de revenir en rappels.

Nos chamois disparaissent vers la gauche tandis que nous effectuons la première longueur dans la tache qui ressemble à une carte d'Angleterre. C'est presque plat, je ne fais que passer la corde dans un mousqueton au relais. Marie n'a pas grimpé cette année, ce début facile lui convient. Nos sacs avec les baskets sont restés au pied, ce que je regrette car il se met à pleuviner.

Je lance :

– On fait encore une longueur !

Au relais suivant je dis la même chose. Les nuages passent. Les longueurs s'enchaînent. Ça devient plus lisse et plus raide après une vire où on doit faire attention à cause de la qualité médiocre du rocher. Je fais relais à un arbuste avant de filer vers les pitons qui sont distants d'une dizaine de mètres les uns des autres. Le rocher adhère bien avec de petites bosselettes offrant de vagues replats les mains ne servant qu'à garder l'équilibre. C'est très spécial.

Nous parvenons à une mince vire horizontale après une longueur coudée suivant une vague fissure bouchée.

Je traverse vers un bel arbre à droite : un pin.

Marie dit :

– Je n'aime pas les traversées.

Elle parvient tout de même assez facilement au relais.

La dalle se raidit sur deux longueurs, mais les pieds tiennent encore, je trouve néanmoins que les pitons sont un peu éloignés les uns des autres. Nous parvenons au relais suivant puis au sommet ! Marie est ravie.

Derrière nous la dalle fuit vers le bas et le chaos de blocs qui barrent la vallée. Le ciel s'obscurcit un peu plus tandis que nous redescendons par un parking et la route où nos casques jaunes de tout à l'heure cassent la croûte.

– Vous avez pu aller en haut ? me demande l'animateur du groupe.

Je réponds que nous avons eu de la chance avec le temps, avant de sauter dans la voiture pour revenir au gîte où nous mangeons avec les propriétaires leurs produits locaux en nous promettant de revenir au Claps.

J'aime bien faire cette escalade plutôt facile car elle ne demande qu'un effort de mental vers le sommet, les bras ne tirant que rarement sur les prises qui n'existent pas, sauf un trou un « monodoigt » comme disent les initiés, dans la toute dernière longueur.

Les senteurs de lavande, de thym et de romarin nous accompagnent le long de cette escalade de plus de deux cent cinquante mètres et la rendent encore plus agréable. C'est une belle voie d'initiation demandant peu d'engagement car on peut toujours redescendre.

Elle est progressive et les débutants s'habituent à la technique d'adhérence au fur et à mesure de la grimpée. Une dalle de l'Amône en moins raide disent certains. Pour les insatisfaits, à quelques kilomètres, il y a la Pelle, plus raide et plus engagée, ou le cirque d'Archiane, voire le Glandasse.

Ces endroits enchanteurs permettent aux grimpeurs, aux randonneurs de bien poursuivre la saison d'été tard l'automne, avant de recommencer le ski et la peau de phoque à l'aube d'une autre saison plus froide et tout aussi attrayante.

Monte Rotondo – Corsica (2 622 m)

– Tu vas en Corse ? me demande Marie.

– Oui, chaque année.

– Est-ce que tu fais le GR ?

– Non, je préfère les sommets et l'escalade. Sur le GR il y a trop de monde.

En fait j'ai très envie d'aller au Rotondo, c'est le deuxième sommet de l'île. Nous avons gravi plusieurs fois le Cinto depuis Calacuccia. La dernière fois il n'y avait plus la croix du sommet. Elle avait sauté ! Mais nous n'avons jamais été au Rotondo. Depuis le pont de Timozzo, dans la vallée de la Restonica, je pars seul, tôt le matin, arrive aux bergeries de Timozzo puis au lac de l'Oriente à quatre pattes sous les aulnes nains d'où jaillissent des nuées de moucherons. Je vais de cairn en cairn sur des dalles qui surmontent le lac et parviens au pied d'un grand névé qui semble prendre naissance à droite du sommet. Je suis chaussé de baskets. Le névé est gelé ! dur ! Je m'élève d'une centaine de mètres et finis par redescendre ; je suis comme un débutant ! Honteux ! Je reviendrai avec crampons et piolets s'il le faut !

Deux ans après, avec les enfants, nous revenons au lac de l'Oriente d'où je redescends avec Adrien. L'orage menace. Pas de Rotondo ! En 2001, je décide que j'irai sans matériel par Guagno. Raphaëlle m'accompagne ou plutôt j'essaie de la suivre car j'ai été opéré d'un ménisque il y a un mois. Après Guagno, nous suivons une route forestière qui dans la forêt de Laricci nous amène vers un vague parking à Quercivoni. Ayant laissé là la voiture, nous partons par un chemin de traverse avec le chien au-dessus du Fiume Grosso, ça monte, ça redescend c'est ombragé. Nous arrivons aux bergeries de Bassitone. En face il y en a d'autres : celles plus nombreuses de Caracuto. Il se fait tard, nous dormons entre un caillou et un mur à même les fougères « grand aigle » qui jonchent le sol. Des vaches s'agitent, cent mètres plus bas. Ioldi, la chienne, grogne.

À l'aube, après avoir avalé un frugal petit déjeuner, nous montons vers le col qui nous domine : la Bocca Manganello à 1 800 mètres. On respire mieux. Le refuge de Pietra Piana n'est pas loin en distance, mais quel chemin rocailleux et escarpé ! On monte, on traverse, on redescend… Nous finissons par y parvenir accueillis par Figarellu, le magnifique chien des gardiens. Gris, tacheté de noir, c'est un « chien à sangliers » me dit Jean-Pierre Moretti, l'un des gardiens corses qui tient son refuge en y restant avec sa dame, qui me parle de Chamonix et d'Argentière où ils sont venus faire du ski…

Nous filons vers le Rotondo avec Ioldi qui se fait vieille. Nous remontons par un chemin rocailleux vers un collet arrondi où le soleil ne nous aide pas trop. Raphaëlle, fidèle à son habitude, file devant, tandis que je boitille cinquante mètres derrière. Des névés raides qui plaisent à Ioldi nous obligent à quelques détours de part et d'autre du lac du Rotondo, appelé aussi lac Bellebone. Nous gravissons un pierrier en direction d'une tour acérée, « le Fer de lance », et vers la gauche, par une succession de petits couloirs et de plaques blanchâtres, me faisant penser au sommet du plateau inférieur de l'arête du Jardin à l'aiguille d'Argentière, parvenons à l'abri Helbronner et à la cime. La vue est belle sur l'autre versant. Au loin, la mer est masquée par les brumes. Ça y est, j'ai enfin foulé le deuxième sommet de l'île et j'en suis heureux.

Il faut redescendre pour rentrer ce soir à Sainte-Lucie-de-Porto-Vecchio. Nous rebuvons une Pietra ou deux à Pietra Piana envahie par les touristes qui suivent les chemins de grande randonnée, et par notre col de Manganello, revenons vers les bergeries de Bassitone où les ânes et les vaches nous regardent passer. Un berger nous rattrape avec ses chiens et nous demande d'attacher Ioldi jusqu'au parking, sinon ! C'est un ordre. Nous obéissons car nous ne sommes pas chez nous. La pauvre chienne se couche, elle ne peut plus avancer. Nous finissons par rejoindre la voiture et par Guagno, Vico et Sagone filons vers le sud et les villes : Ajaccio, Propriano et Sartène où les routes tournent à n'en plus finir. Nous parvenons à notre camp de base à Sainte-Lucie-de-Porto-Vecchio vers deux heures du matin en nous promettant de retourner au Rotondo avec les enfants.

Tout le monde a fait beaucoup de plage en 2002. Irons-nous en montagne ? La chaleur est telle qu'on ne fait que transpirer. Rouspétance générale. Raphaëlle a décidé qu'on irait les 24 et 25 juin, jour de manifestation contre le passage des poids lourds sous le tunnel du Mont-Blanc. Bien Madame. Sur les conseils du gardien, nous partons par Venaco juste au-dessous de Corte (Corti sur les pancartes). Nous avons même droit à un concert de piano à l'hôtel du Monte d'Oro où nous dormons.

Au Ponte del Vecchio, nous changeons de route et empruntons la petite départementale 723 jusqu'à un parking, au-dessus de Puzatello, suivi d'une route forestière où nous retrouvons un groupe d'Allemands monté en bus ! Oh les croisements ! La voiture de Jean-Pierre, le gardien, est là, c'est bon signe. Cette année, Geneviève est avec nous, Adrien, Coline et Margaux, les habitués de la marche sont là aussi. Roméo, le fils de Ioldi, remplace sa mère laissée sur le continent. Il boite de la patte arrière droite. Coline et Adrien qui rouspétaient hier, ont l'air contents d'être là.

Nous partons tranquillement vers les bergeries de Gialghello et vers le col de Tribali à 1 800 mètres. Geneviève a mal au pied qu'elle s'était fait opérer, il a encore des tiges de titane. De plus il fait chaud. Tandis que Raphaëlle et Margaux filent, pour retenir des places au refuge de Pietra Piana, disent-elles, par le chemin du bas, c'est-à-dire par les bergeries de Gialeo, nous choisissons le chemin du dessus. Celui-ci, bien marqué au début passe par la bergerie de Muraccioli où nous nous posons. Les gourdes de flotte se vident. Geneviève n'a pas d'entraînement, c'est dur ! Le topo dit ensuite : « de cairn en cairn à travers des barres, par des terrasses parvenir directement au refuge ». Nous traversons le dernier gros ruisseau qui rafraîchit l'atmosphère et allons au mieux vers l'ouest. Nous montons, redescendons, revenant parfois sur nos pas, à gauche ou à droite et finissons par rejoindre un vague sentier cairné. En fait, des cairns, il y en a partout ! Je dis aux autres :

– Le refuge est juste au-dessus, derrière la barre rocheuse.

Coline me dit :

– Tu t'es planté.

Geneviève lance :

– Laissez-moi ici !

– Non, on reste groupés.

Adrien réclame sa maman ! L'ambiance est chaude.

Arrêt sur une bosse : il y a plus de quatre heures que nous sommes partis ! Je monte cinquante mètres au-dessus et vois le refuge. Personne ne me croit évidemment. Finalement nous y sommes. Jean-Pierre qui a une nouvelle chienne, Palquetta, fauve tigrée me dit que Raphaëlle et Margaux sont redescendues à notre rencontre. En fait nos places ne sont pas réservées puisqu'un « Griste » a mis un tee-shirt à l'endroit où nous devions dormir… Quelques personnes sont étalées sur les bas-flancs sans trop se pousser. Je décide de dormir dehors. Jean-Pierre, qui avait déjà prévu le coup, nous prête deux tentes que nous dressons rapidement, faisant des envieux ! La nuit sera fraîche, presque froide, ponctuée par les allers et venues d'ânes qui venant de Quagno renversent vers deux heures du matin les poubelles du refuge ! Quel vacarme ! Certains finissent tout de même par s'assoupir !

Le réveil est dur vers sept heures du matin, seulement. On est en Corse ! Chargés de sacs à dos énormes, surmontés de karimats, coiffés de casquettes sahariennes, les yeux rivés sur leur carte pendue autour du cou, les « Gristes » sont prêts et piaffent d'impatience, devant les yeux éberlués de Jean-Pierre. Ils se croient au raid Gauloise. Le gardien me dit :

– Il faudrait bien que tu partes avant les grandes chaleurs, de plus on annonce des orages pour cet après-midi.

Vers huit heures nous sommes en route, en chemin plutôt. Adrien mène la danse vers le Col Rond, une brèche surmontant le raide pierrier où est tracé le sentier bien marqué. Geneviève est restée au refuge, elle soigne son pied. Roméo fait des progrès en rocher. Il n'hésite plus à franchir les dalles lisses et les escarpements raides de la sortie. Entre de gros blocs, nous filons vers le lac du Rotondo. Il n'y a pas de névé cette année. Des nuages passent.

Je traîne à la fin de la troupe dans le pierrier du « Fer de lance » et n'atteindrai l'abri Helbronner que quelques minutes derrière les autres, même Raphaëlle est lâchée par les jeunes pour qui cette montée à l'air d'être anodine. Elle dit sans cesse :

– On a bien marché aujourd'hui.

Encordée avec Margaux et Coline, elle file au sommet, tandis qu'on tient Roméo vers l'abri. Avec Adrien, nous montons sans la corde par la côte nord où quelques névés ont résisté aux températures élevées de 2002. Le lac de l'Oriente brille en bas. Tandis qu'Adrien demande pourquoi il y a une grosse ferraille cinquante mètres plus bas – c'était sans doute le signal placé au sommet –, nous regardons le Monte d'Oro vers Vizzavona. Nous irons – si Dieu le veut – l'année prochaine. Nous revenons à Pietra Piana dans la cuisine du gardien où pendent des saucissons de sa fabrication.

En Corse, notre point de départ, Barella,
et les amis Jacky, Marie-Jo et Raymond, de Conca.

Le sommet de l'Accellu lors de l'ascension de cette tour de Bavella. Au loin, Paliri.

L'abri Helbronner au mont Rotondo, deuxième sommet de la Corse.

Au sommet du Rotondo avec Adrien.

« Paul à l'Angèle », frère du Rouge, avec ses vaches aux Chosalets.

*De gauche à droite : mon grand-père « Alfred à Luc », guide ;
mon grand-oncle Louis Mouchet, gardien du lac Blanc, et « Paul à la Zite »
– ou « Paul à l'Angèle » –, tous réunis ici à Lognan.*

« Roger à Louis à Luc » et Régis Devouassoux entrain d'abattre un très gros épicéa !

Les chasseurs de Vallorcine. De gauche à droite : Marcel Ancey, dit le Rouquin, Alfred Burnet, Olivier Chamel et Robert Burnet. Une sacrée équipe…

Les anciens guides d'Argentière. De gauche à droite : André Ducroz, Georges Burnet (debout), Alfred Ducroz (dit le Frisé), Pierre Cretton, Ulysse Simond, Marcel Charlet, Edouard Ravanel (debout) et Léon Charlet.

Francis Calamard, dernier guide-paysan des Contamines, au sommet du Moine.

Mon cousin Roger « Ravanel à Luc » creusant un « bachal » aux Chosalets.

Elle est plus fraîche que l'extérieur évidemment. Nous discutons de montagne. Il veut partir faire l'Ama Dablam au Népal en se joignant à une expédition. Il a la montagne dans la peau. Il me dit :

– Vous avez bien marché.

C'est flatteur. Nous repartons – sans avoir repéré le gypaète qui sillonnait le ciel – vers le col de Tribali et la voiture. La chaleur est accablante. Nous buvons un coup indispensable le long de la route avant de rejoindre Sainte-Lucie où tout le monde s'écroule. C'est ça la Corse !

Quelques jours après nous filons vers Bonifatu pour changer d'air. Nous montons vers le refuge Carrozzu situé en pleine forêt comme nous le montrent les livres et les cartes postales. Un gars petit, mais athlétique, vient nous servir. C'est Pierre Grischelli, guide passionné de voyages et de grimpe. C'est un copain de Jean-Pierre Moretti avec qui il va partir en expédition. Dans la cuisine, la conversation roule aussitôt sur l'Aconcagua, l'arête nord de l'Everest, la Walker, le Linceul. C'est un passionné et c'est réconfortant pour le guide que je suis. Dany boit nos paroles.

Le reste du groupe va se balader sur la passerelle de Spasimata. Nous nous promettons de nous revoir avant de filer vers Bonifatu, Corte et Sainte-Lucie. Quelle vie !

Bavella : haut lieu de l'île

La route très étroite monte de Solenzara, vers le col au-dessus du torrent (Bocca di Larone). Tiens, ils l'ont élargie ! Super ! on peut croiser. À droite les Teghie Liscie avec le fameux « Dos de l'éléphant », « lisse comme un cul ». Si j'y vais un jour, ce sera en second ! Beaucoup de monde pour le canyoning dans le secteur avec Jean-Paul Quilici le guide de Quenza qui a fait beaucoup pour son pays. Ensuite la route est plus régulière, elle monte en lacets bien tracés vers la maison forestière à l'ombre du Tafunata di Paliri. Je reconnais même la Punta Caletta faite avec Marc, Dany et Christophe il y a quelques années. Je pense aux jeunes de Chamonix qui étaient venus ouvrir des voies ici cinquante ans après Alfred Couttet et Arthur Ravanel (fils du Rouge) : Georges Bettembourg, Jacques Cuenot et Hervé Thivierge, l'auteur d'une certaine fissure très difficile. Nous atteignons le col et buvons un café chez Jacky au « refuge ». Nous commandons le repas pour quatorze heures (bavette à l'échalote, frites – les meilleures de Corse –) et du Patrimonio bien sûr. Nous filons vers la base de l'Acellu pour gravir l'arête de Zonza. Je retrouve le nom de Robert Romanetti dans le topo. C'est amusant. Partant d'un arbre, longueur après longueur en IV, nous atteignons de jolis tafonis, puis une brèche. Nous poursuivons par la voie normale, améliorée avec des dalles en V, et parvenons à la cime où une multitude de lézards gris de bonne taille se baladent. Un vent violent se met à souffler. Nous filons vers le rappel. Ma corde, chassée par le zef va se coincer sur la gauche. Encore une que je dois couper ! Nous descendons malgré tout, laissant un bout de corde de vingt mètres – comme des débutants. Le vent nous chasse vers le chemin et le col où la bavette aux échalotes nous attend. Nous l'arrosons de rouge venant du domaine Orsini.

Jacky me dit :

– Pourquoi tu vas grimper avec ce vent ?

Quelques jours plus tard, nous revenons en pleine chaleur faire la tour II, appelée aussi l'Ariettu, par l'arête de Quenza. Après neuf longueurs de belle escalade nous parvenons à la punta du Vaccharu. Il fait très très chaud. Délaissant le sommet nous filons en rappels vers le sud-est et le beefsteak aux échalotes. Raymond me lance :

– Pourquoi tu grimpes avec une chaleur pareille ?

Nous revenons quelques jours plus tard avec Dany pour mettre le pied sur l'aiguille de l'Ariettu. Il est temps ! Une fissure lisse de quelques mètres avec corde fixe providentielle nous donne « de la corde à retordre ! », pour ne pas dire du fil. Les lézards du sommet nous font la fête. La troisième bavette à l'échalote nous attend. Nous quittons Bavella à regrets.

–Jacky, tu nous prépares des saucissons pour l'an prochain. Salut !

Nous redescendons par l'Ospédale et regardons cette face lisse du Diamant. On l'avait essayée avec Éric et Hugo sans succès. Nous arrivons à Sainte-Lucie, demain le bateau est à dix heures. Salut la Corse ! Je n'ai toujours pas fait de progrès en natation ! Mieux que ça, j'ai failli me noyer dans la piscine…

Mémoires d'ici

Les guides de la génération précédente n'avaient pas de portable, encore moins Internet, ils ne faxaient pas leur rendez-vous aux clients. C'est tout juste s'ils avaient le téléphone. D'Argentière, certains se rendaient à pied, oui à pied, à Chamonix pour prendre le train du Montenvers. Un autre arrachait ses patates (pommes de terre) à l'aide d'une lampe électrique avant d'aller au boulot. Quelle volonté !

Je suis allé à vélo au stage d'aspirant guide à Chamonix en 1959, le sac sur le dos ; c'est ce qu'a fait longtemps Guy Devouassoux pour rejoindre ses clients ou pour remonter le soir après une course.

Nos aînés « plantaient » les patates, faisaient les foins car ils avaient encore quelques bêtes ; ils tiraient le bois à l'automne, souvent avec le Kiki à Méryl. Rémi Devouassoux, « Rémi Pic », acheta un tracteur et une remorque pour faire du transport. Je le revois et l'entends encore à skis à Charamillon avec ses clients. C'était un très bon skieur.

Je revois aussi « Louis à Albert » au refuge d'Argentière, toujours sympa et jovial, il travailla ensuite à la Commune où il était très apprécié. C'était un gars à qui le boulot ne faisait pas peur. Je me rappelle dans mes débuts avoir accompagné « les filles à la Payet » comme on disait. En fait, elles venaient de Vallorcine où elles logeaient dans un gîte géré par Mlle Payet, passaient le col des Montets ou celui des Posettes à pied pour se rendre dans la journée en aller-retour au col du Tour ou au refuge d'Argentière. Elles avaient deux guides attitrés : Louis Dunand, de Vallorcine, et Antoine Ravanel, de Montroc.

Ces demoiselles apportaient avec elles le casse-croûte des guides : pain, fromage, saucisson, orange, vin rouge. Plus le jour avançait, plus les voix s'élevaient ; ces sorties étaient pittoresques, les guides ayant plus de vingt filles à encorder chacun. Lors d'une sortie, l'une d'elles eut une crise d'appendicite, ce qui me valut l'honneur d'aller prévenir les secours en courant ; il n'y avait pas d'hélicoptère à cette époque.

Nous montions au refuge d'Argentière à pied, du bas. Quelle hécatombe au retour ! Ces jeunes filles entraînées, au moins autant que des militaires suisses en marche forcée repassaient à pied le col des Montets pour revenir à Vallorcine !

En hiver, après 1965, lorsque le deuxième tronçon des Grands Montets fonctionnait, il nous arrivait d'être en haut, skis aux pieds, à huit heures. Maintenant, si vous y êtes, en 2003, à neuf heures et quart, ça a bien fonctionné pour vous, mais vous pouvez facilement arriver en haut à dix heures et demie pour peu qu'il y ait quinze centimètres de neige ! *Idem* à l'aiguille du Midi ! Vive les trente-cinq heures !

Vive la neige douce et les avalanches au col du Chardonnet ! C'est ce que l'on appelle le progrès et la sécurité... Les remontées mécaniques sont des moyens de transport en montagne, mais on fait comme si tout se passait en plaine. *Idem* à Verbier, *idem* à La-Grave, à Saas Fee, à Zermatt... Seules les conditions de la montagne n'ont pas changé.

Parallèlement à cette main-mise de l'administration et de son cortège de contraintes stupides, on veut nous parquer dans des sortes de réserves d'indiens. De plus en plus, les décideurs fraîchement nommés viennent d'ailleurs, des gens pleins de diplômes, pleins d'idées, mais à la cervelle vide. La montagne, la nature ne leur appartiennent pas. La montagne est aux montagnards, la nature aux paysans.

L'homme fait partie de la nature, il doit y trouver son équilibre. L'administration ne doit exister que pour aider l'homme et non pas pour sans cesse lui imposer de nouvelles contraintes. Certains administratifs semblent être rémunérés pour nous faire payer très cher notre relative liberté. Néanmoins, je regrette que certains services disparaissent.

L'ONF est complètement démantelé, ce n'est plus un service public, c'est une entreprise payée par l'État qui fait de la concurrence aux entreprises privées.

La Poste, service qui fonctionnait bien n'est plus ce qu'elle était. Le courrier traîne de plus en plus, quand il arrive...

La SNCF a pris des parts dans le transport routier à la place de s'occuper du fret sur le rail, c'était l'une de ses missions premières.

De plus en plus, les hommes de terrain se retrouvent devant leurs ordinateurs, dans leurs bureaux, c'est lamentable.

On contrôle maintenant les guides « qui bossent » avec des fichiers pour voir si tout est O.-K. : la photo récente, la date d'un recyclage, l'extrait du casier judiciaire... Mais où va-t-on ? À quoi cette mascarade sert-elle ?

On ferait mieux de contrôler les frontières et de laisser travailler ceux qui en ont envie, même s'ils se déplacent à vélo et arrachent leurs pommes de terre à la lampe électrique. Ainsi va l'évolution de la vie, pas toujours dans le bon sens, le beau, le goût de l'effort et le respect des autres.

L'essentiel n'est-il pas de pouvoir rêver ?

Rêver d'avoir du travail, rêver d'avoir son chez soi, même petit, rêver d'un espace convivial, rêver d'amitié, de partage et de bonheur. C'est encore possible à la condition expresse de rester maître chez soi. Donc, halte à trop d'administration et plus de respect pour les gens de terrains, pour la pratique s'il vous plaît. Laissons partir au gré des vents, l'aspect virtuel des choses, gardons les pieds sur terre.

Nature

La nature doit nous inciter à la réflexion, à l'émerveillement, elle procure du bonheur.

Ce matin, Jeannot Lapin des neiges a laissé de bonne heure ses empreintes dans le glacis du pare-avalanche. Un renard l'a suivi en multipliant les méandres, trace moins directe dans la neige fraîche. Roméo, mon chien, furète de tous côtés ; noir sur fond blanc, un chamois grignote les branches des arbres. Il est dix-huit heures trente, il monte encore pour terminer son repas. Une deuxième tache sombre se déplace, une cinquantaine de mètres plus bas. Celui du haut traverse la pente sous les mélèzes encore plantés là, en direction d'une barme, cet abri protégé par les rochers. Le second animal, plus petit, plus agile, le suit en courant, le rattrape en quelques bonds. Tous deux disparaissent de mon champ visuel.

Des nuages filent au-dessus de l'aiguille du Goûter. Le jour s'estompe, la nuit descend avec son cortège de mystères : les formes qui deviennent floues, la température qui baisse encore, les bruits de la vallée qui montent, les lampadaires qui tracent les routes. Le soleil disparaît vers l'occident, même les pentes du Dôme ne sont plus éclairées.

Demain sera un autre jour semblable, comme une renaissance, une réactivation de la vie.

Je pose mes jumelles et pense aux choses plus bassement matérielles : le repas, les infos, la nuit avant un réveil plein de promesses, un départ au petit jour avec skis, sacs et peaux de phoque pour une nouvelle aventure, une vraie, avec la pente en face, les séracs au-dessus, les à-pics en bas.

Nous croiserons la trace des chamois et débusqueront les tétras ou les perdrix blanches camouflées dans la neige. Maître renard se faufilera entre les *toumés*, ces sorbiers des oiseaux qui colonisent les pentes moyennes, il descendra vers les maisons à la recherche de nourriture. Il rôdera ainsi jusqu'au lever du jour avant de revenir à son gîte pour plus de sécurité. Il nous arrive souvent de le voir disparaître avec sa queue touffue et se fondre dans un vallon que nous allons traverser tout à l'heure.

Sous la neige on entend couler l'eau nécessaire à la survie de ces animaux, indispensable à l'homme.

Cette nuit, Roméo a aboyé bruyamment : est-ce la lune qui l'énerve ? Il aboie encore avant que l'on se lève. Raphaëlle m'appelle :

– Viens vite voir !

Un animal foncé aux oreilles droites remonte le champ au-dessus et disparaît dans la forêt. Lorsqu'elle a ouvert les volets, le gros chien, ou plutôt le loup, a fait quelques pas et s'est retourné, il s'est même assis pour regarder la maison. Lorsque je suis arrivé il est parti tout tranquillement dans les arbres. Ce n'est pas un renard, c'est sûr. Ce n'est pas un comportement de chien : alors ? Il y a des loups dans le Val Ferret, il y en a eu de passage aux Contamines. Ses empreintes sont énormes près de la maison. Ioldi, la chienne fait sa crotte plus près de la maison que d'habitude, comme pour marquer son territoire. J'espère que c'est un loup, j'espère en revoir…C'est mieux qu'un 4x4 ou qu'un scooter des neiges.

Ce matin, un lièvre bien foncé passe à côté de la maison, il est six heures trente, ça vaut tous les camions du tunnel.

Dans la combe de l'A, en Valais, je croise une harde de chamois qui traverse les pentes et se réfugie dans les schistes de la Tour de Bavon. Ils ont l'habitude de voir des skieurs.

À Chavanne Vieille, trois chamois sont dans la neige près des *varosses* ; il est dix-sept heures trente, le temps se couvre, la température se réchauffe. Chaque chamois broute les écorces d'un arbre, c'est amusant à voir.

Le lendemain matin il fait semblant de neiger, deux centimètres de poudre blanche recouvre le sol. L'ambiance est à l'humidité.

Une trace de renard traverse le pare-avalanche, Roméo la suit nez au sol, queue en l'air, comme un véritable chien de chasse, lui qui est un berger catalan.

Je crois que je vais être privé de ski aujourd'hui, le temps ne s'y prête guère. C'est l'occasion de lire les nouvelles, d'aller en mairie ou au CAF et se ressourcer pour de nouvelles sorties. C'est un moment propice à la rêverie, aux réglages des crampons au fartage des skis pour être prêt pour la suite.

Trois geais énormes se nourrissent dans la cage aux oiseaux, au grand dam des merles qui fuient tandis que notre minette tigrée s'en rapproche en rampant. Quand elle arrive à deux mètres des volatiles, ils s'envolent en jacassant et se réfugient dans le sycomore, trente mètres plus loin, en se moquant de la minette qui renonce à sa chasse et revient à la maison.

Le lendemain est clair, je prends mes skis, mes peaux et file à la Tour de Bavon avec Michel et Hélène. Le téléski à pioches me fait m'empêtrer avec mon sac et ce n'est que d'un cheveu que je parviens sans tomber à m'extraire de cette vieille remontée mécanique.

Les Dorées sont en face avec les Clochers de Planereuse plantés au premier plan à gauche, suivent la Grande Lui flanquée du Grand Darrey. Le Dolent trône à gauche avec sa masse de glace et de neige au-dessus du glacier de la Maye et de la combe des Fonds. Son arête est, ou arête Gallet, délimite ses deux versants comme une proue de navire. À droite, la face nord très glaciaire envoie ses séracs vers le glacier de l'A Neuve, tandis que son autre glacier est délimité vers le sud par une puissante arête d'où l'élèvent la pointe Allobrogia et le mont Grépillon. Quelle allure ! Derrière on reconnaît le Triolet et la pointe Isabelle. Les brumes nous empêchent d'apercevoir le mont Blanc. À droite des Dorées, dont le soleil du matin fait ressortir les teintes rongeâtres et les ocres, le Clocher du Portalet, au premier plan, s'étale en largeur avec une seule flamme, « la Chandelle », près du sommet. Nous distinguons la pointe d'Orny, l'aiguille homonyme et l'aiguille de la Cabane, chères à Walter Josi et aux gardiens du refuge, les Angelloz, à qui nous rendons de fréquentes visites.

Nous mettons nos fixations de ski en position de

montée et posons les peaux de phoque à même la semelle. La trace qui conduit à la Tour de Bavon, au Bec Rond et au Roc de l'Oiseau, plus loin, est un véritable boulevard au-dessus du Val Ferret à notre droite, de la combe de l'A et des couloirs qui y mènent, à gauche.

Le Petit Col Ferret et la Tête de Ferret sont en face de nous, passage fréquenté du tour du mont Blanc en été.

Des traces s'échappent à droite vers Branche d'en Bas et me tentent : c'est de la poudreuse... Ce sera pour une autre fois en ayant prévu une « manip de bagnoles » pour revenir au point de départ : Vichères.

C'est la deuxième fois que j'effectue ce parcours en quelques jours. À notre gauche, le Grand Combin est coiffé d'un nuage, comme le Vélan plus à droite et plus près du col du Grand Saint-Bernard. Michel multiplie les clichés photographiques.

Hélène dit :

– Que c'est beau !

Nous sommes devancés par un jeune guide de Verbier. Frédéric Roux accompagne une dame qui a l'air d'une montagnarde aguerrie et possède un solide accent trahissant ses origines valaisannes tandis que l'autre client, coiffé d'un casque étincelant ne dit pas mot.

Laissant la Tour de Bavon à notre gauche, nous effectuons une légère descente vers un col au-dessus d'une falaise surplombant le Val Ferret et reprenons l'arête qui mène à quelques escarpements rocheux où il faut déchausser. Nous franchissons un passage schisteux et herbeux, et toujours à pied, les skis sur le sac parvenons au sommet du Bec Rond.

L'heure du casse-croûte léger a sonné. Une pente redescend assez raide vers le sud-ouest, vers un grand col d'où une trace remonte en face vers le Roc à l'Oiseau et la petite cabane de chasseurs érigée là avec pour cadre les magnifiques montagnes qui nous entourent.

Nous trouvons de la belle neige de printemps sur une bonne centaine de mètres puis de la poudre. Quelle descente géniale !

En plus, un magnifique chamois, noir d'encre, nous regarde, planté sur une arête, se découpant dans le ciel ! Un autre apparaît plus loin. Deux autres cornus détalent et traversent le vallon, nous coupant la trace !

Nous faisons du bon ski, presque aussi bon qu'hier en revenant du Grand Mont d'Arêches sur le Planay en Beaufortain. C'est autre chose que le ski de piste, c'est sûr !

– Ça se mérite, dit Hélène qui n'en revient pas. La prochaine fois nous irons en Italie !

Nous nous trouvons maintenant dans de grosses boules d'avalanches bien dures, et après une dernière pente arrivons vers 2 000 mètres au lieu-dit « la Tsisette » où deux maisons d'alpage avec panneaux solaires gardent la sortie de la combe de l'A. Nous suivons cette combe, nous offrant quelques virages supplémentaires dans la poudreuse jusqu'au ruisseau que nous suivons jusqu'à la route forestière bourrée de traces d'animaux qui nous ramène à Vichères et au parking de ce matin.

Les *röstis* à l'œuf et au jambon arrosés de dôle parachèvent notre sortie tandis que le mauvais temps arrive…

« Cham » : vallée aux riches personnages

Des gars, des personnes qui m'ont marqué dans cette vallée à nulle autre pareille.

Roger Bozon, champion de France des quatre épreuves, faisait encore du ski avec ses clients à plus de soixante ans, les pieds collés l'un à l'autre sur la piste comme dans la poudreuse. Toujours égal à lui-même, après avoir soigné ses vaches le matin, il arrivait aux Grands Montets ou ailleurs avec toujours un mot gentil et un brin d'humour. Un jour, au Couvercle, il traduisit, avec son air malicieux sans un brin de méchanceté, alors qu'un gars s'était accroché les pieds avec ses crampons :

– Il s'est *espé* dans une touffe de bolets !

Roger faisait référence avec ses clients qui le prenaient à l'engagement. Lorsque sa journée de ski était terminée ils le ramenaient chez lui où il soignait de nouveau ses vaches. Il eut l'immense chagrin de perdre son deuxième fils, Michel, à la Coupe Émile Allais et continua néanmoins à pratiquer le ski comme ses quatre autres enfants, tous moniteurs nationaux.

D'autres familles de la Vallée ont marqué leur territoire avec leurs planches ou leurs crampons. Je pense aux quatre frères Balmat, des Bossons, « ceux à la Barlette », tous guides, tous skieurs dont trois au moins sont moniteurs.

Des pisteurs ont fait une présence et un boulot énorme pour la Vallée, comme Dédé Maffioli, omniprésent, plein de connaissances et de bon sens, ou comme Louis Folliguet, ancien de l'équipe de France, devenu le spécialiste des pistes de la Vallée.

Mes pensées vont vers Jeannot Bellin, tragiquement disparu en 2002 alors qu'il avait plus de quarante années de service aux Grands Montets. Un skieur intrépide, connaissant bien la neige, le tout-terrain, faisant de la peau de phoque, un vrai de la Vallée.

Nous retrouvons cet attachement aux troupeaux et à la terre chez Émile Frosio, aux Praz, le frère du « Rouquin », chez Marcel Comte ou Gilbert Mermoud qui ont toujours leurs bêtes et s'y attachent.

La plupart de nous tous avons vendu les vaches et nous sommes reconvertis dans le tourisme, dans le bâtiment. Parfois nous sommes fonctionnaires. Malgré le peu de champs ou de propriétés qui nous restent, nous gardons un très fort attachement à notre pays que nous revendiquons.

La révision du POS devenu PLU (Plan local d'urbanisme) va-t-elle permettre à nos enfants de rester dans leur vallée et de construire ? C'est ce que nous essayons de faire en diminuant sensiblement la surface minimale de construction. Va-t-on assez loin? Laissons-nous la porte assez ouverte ?

C'est l'avenir qui le dira car si les limites (les *tirnots*) disparaissent, les idées restent bien ancrées et l'esprit vigilant.

Non, ce n'est pas aux services de l'État de décider, c'est aux locaux, représentés par leurs élus qui ne doivent pas céder aux pressions. Aimer sa vallée c'est la défendre.

Souvenirs et perspectives

Il est difficile d'écrire sur Chamonix sans parler de certaines personnes qui, par leur caractère ou leur action, ont marqué les montagnards que nous prétendons être.

Chez les guides et les alpinistes il est des à-côtés qui sans parler de montagne nous marquent. Je me souviens de mon oncle « Louis à Luc » qui a été guide comme mon père et qui était imbattable pour trouver les morilles dans les Bossons. C'était le frère cadet de mon père. Il avait l'habitude de se servir des scies à bûches et m'avait dépanné un jour d'automne.

Georges Simond, d'Argentière, avait porté l'une des cuisinières du Couvercle. Très solide physiquement, il avait monté un magasin de sports où ses talents de cordonnier faisaient merveille. Ce cousin germain de mon père dépannait souvent les familles peu argentées en leur prêtant des skis. Chose que faisait Jean-Pierre Devouassoux plus tard dans son commerce. Ce qui a permis à certains jeunes en difficulté de faire du ski.

Georges Simond était très costaud comme Léon Charlet ou Bernard Ducroz, de la Toux, disait mon père…

Au stage de guide, à la Flégère, j'avais été surpris par la détente de Gérard Devouassoux qui avait sauté à pieds joints par-dessus une table en retombant de l'autre côté. Personne n'avait pu en faire autant.

C'est lui qui plus tard avait créé l'OHM (Office de haute montagne), toujours très important aujourd'hui.

Je revois aussi Georges Devouassoux (« Georges à Pic ») qui démarre sur sa moto marron en faisant un saut et file vers Argentière.

Alors qu'il coule du béton aux Grassonnets, il lance à ses fils :

– Dépêchez-vous, c'est du prompt !

« Georges à Pic » avait monté une entreprise. Son frère Jean vendait ses victuailles dans sa camionnette avec Emma sa femme et Jeannette leur fille. Ils tiendront *La Ruche Nouvelle*, à Argentière, puis un magasin de primeurs à Chamonix d'où Daniel partait s'approvisionner à Valence ! Quel boulot ! Quels caractères bien trempés !

Un jour, j'amène l'un de mes clients qui s'était fait mal à une cheville chez un rebouteux. Celui-ci l'assoit dans un fauteuil et nous dit :

– Il faut le tenir, ça va lui faire mal !

Nous avons tous traversé sa cuisine agrippés au fauteuil. Sa gnôle nous a tous remis d'aplomb !

Je repense souvent à cette équipe qui faisait des toits en *ancelles* (ici on ne dit pas *tavaillons*). Meryl, Roger et son père « Louis à Luc » coupaient de gros mélèzes qu'ils débitaient en billes desquelles ils tiraient les *ancelles* : ces planchettes de bois qui recouvraient les toits. Un toit bien fait durait cinquante ans ! Comme les maisons n'étaient pas chauffées, il n'y avait pas de grosses différences de température avec le toit, ça siphonnait moins sous les toits où il y avait la grange et le *solerey*, qui n'étaient pas chauffés.

Couper un arbre de un mètre trente de diamètre ne faisait pas peur à Roger qui connaissait plus que tout autre, les bornes limitant les champs, les *tirnots*, les lieux-dits, les us et coutumes des anciens. C'est lui qui m'a raconté l'accident qu'avait eu Ravanel « le Rouge » au bois, ou la force herculéenne de son grand-père, « Paul à la Zite », lorsqu'il était jeune.

Tous ces souvenirs disparaîtraient sans cette mémoire qui se transmet essentiellement par voie orale. À l'heure où tout va vite, trop vite.

Ces gens qui gesticulent avec leurs portables, qui communiquent sans cesse par e-mail sans dire grand chose, qui stressent dans l'attente d'un SMS ou qui sont ennuyés par le virus qui détraque leur ordinateur…

Le virtuel, les projections vers le futur qui sont souvent des fantasmes, le côté non essentiel des choses du présent prennent peu à peu le pas sur la réflexion, sur la solidité d'un projet, sur l'échange réel, *de visu* avec les autres. Quelle consommation de gadgets !

Quelle inefficacité en voulant faire si vite ! Quel appétit d'artificiel déclenché par les médias, par ce que l'on prétend vous faire économiser ! Seul le temps n'aura jamais de prix. Il faut s'en préserver, se préserver de l'inutile.

La montagne, la vraie, celle d'en haut, le ski sont de bons remèdes ! Regarder encore la neige tomber, la laisser se tasser pour s'aventurer loin des flots de consommateurs. Décider seul de sa destination, de ses vacances, c'est cela la liberté. Prendre de la distance, du recul par rapport à ce qu'on entend, à ce qu'on nous montre.

Cette vallée, notre vallée, très convoitée, est en train de changer d'aspect. On nous demande toujours plus, l'or blanc attire plus de monde que le site ne peut en contenir ! Sous prétexte de satisfaire la clientèle, on nous trace de nouvelles servitudes, d'où les levées de boucliers que l'on connaît ! La plus grande de ces servitudes c'est le tunnel et son accès… de loin…

C'est le fric qui prime même si l'on s'en défend. Plus que jamais les administratifs se serrent les coudes pour émerger de la mêlée. C'est la jungle ! Les postes de commandes sont réservés de préférence aux cols blancs qui décident de tout, beaucoup trop, à distance.

Il n'y a plus de foncier malgré les efforts louables de la municipalité qui réserve certains emplacements.

Les gens du cru, qui connaissent leur terrain, ne sont que des subalternes au service, malgré eux, de profiteurs qui malheureusement ne s'intéressent à cette vallée que pour l'argent qu'elle peut leur procurer.

Mais où sont les neiges d'antan ? comme dirait Brassens.

Dans ce contexte affolant nous devons nous ressourcer.

Il est bon d'entendre parler du temps et de la neige par les anciens du pays, par René Frosio qui observe la Flégère depuis les Praz, par « René à la Jeanne » qui pense déjà à son « emmontagnée » à Charamillon, ou par les Vallorcins qui disent parfois : « Il y a deux fois plus de neige à Vallorcine qu'à Argentière… »

Il est intéressant de repérer les traces d'animaux sur la neige, celles de gros lièvres qui chaque matin longent le pare-avalanche du Bourgeat, les traces de chevreuils qui viennent vers les graines posées pour les oiseaux, les sabots du cerf qui se sont enfoncés au travers des plaques gelées pour traverser vers le ruisseau, vers la source.

Les crottes de cervidés s'empilent sous les sapins où ils se reposent, celles du blaireau allongées et pointues suivent la trace de ski faite sur le sentier. Les sangliers labourent la neige pour trouver quelque nourriture. Quels dégâts !

Redescendant du col d'Encrenaz, je me déporte à gauche et me trouve au milieu d'une harde de chamois qui détalent vers l'Eau Noire.

Deux bouquetins broutent tranquillement sur le rocher du Van plus loin, la bise soulève leurs poils qui se détachent au soleil couchant.

Les perdrix sont toujours là, vers l'ancien alpage de la Remuaz, comme les tétras branchés au sommet du *colu* de « la Pierre à la femme ».

Le vent agite les frondaisons des arolles sur la Tête de Pra Torrent avec un bruit doux et pénétrant. On se sent bien d'avoir les mêmes sensations qu'autrefois, les mêmes impressions de nature, de pureté, de tranquillité durable.

Ces choses essentielles, cette vie merveilleuse nous fournit des émotions à la mesure de l'homme qui fait partie bien entendu de ces réalités authentiques.

La nature, la montagne en particulier, sont des écrins. Les gens viennent d'ailleurs pour s'en pénétrer, pour découvrir autre chose que le stress.

Conservons ces espaces de semi-liberté, en s'arrêtant cependant quand celle des autres commence à diminuer (y compris celle des bêtes).

Je persiste à penser que ce sont les gens du pays, les autochtones qui ont les cartes en mains et qui doivent décider pour leur territoire. La cohérence est nécessaire avec les autres territoires, mais il faut à tout prix éviter les diktats, se battre contre les choses imposées, éviter de se diviser. Ces quelques considérations qui peuvent paraître passéistes me semblent à l'ordre du jour et chaque sortie, chaque balade en forêt, en alpage ou plus haut me ramène à cet essentiel qui, je l'espère, restera longtemps d'actualité pour le bien-être des générations futures et leur équilibre.

La communication pour communiquer à tout prix n'est qu'une absurdité, qu'un leurre. Cette ambiance de portables que l'on retrouve souvent dans les réunions, dans les assemblées m'est insupportable. C'est souvent le contraire de ce que l'on appelle « être bien élevé ». Quel gaspillage, quel gâchis !

Vive les feuilles mouillées sur lesquelles on glisse d'un pas hésitant à l'automne ! Vive les cinquante centimètres de neige fraîche qu'on *châle* et qui nous rappellent que nous avons un cœur qui bat, le souffle court et les jambes lourdes.

J'ai encore envie de partir au petit matin, avec froid aux doigts, mal aux pieds, le sac au dos, faire une randonnée dans les mélèzes.

Je n'ai pas envie – sans doute ai-je tort – de passer mes heures devant un écran. Le « double clic » n'a pas le même bruit que le pied qui se place dans la fixation à la recherche d'un vrai rêve, car la nature, la montagne en vrai c'est autre chose que sur Internet !

Privilégiant l'effort physique et contemplatif à l'aspect trop virtuel, et par conséquent futile des choses, je continue à aller sur le terrain, dans le concret, faisant abstraction de toutes ces activités dites de progrès qui souvent sont des pièges.

L'objet de cette réflexion qui vaut ce qu'elle vaut est un peu comme l'objet du livre : ne perdons jamais de vue que « le bonheur est dans le pré ».

Les ordinateurs ne doivent rester que des outils, ils ne sont pas un aboutissement. Le bonheur, le mien en tout cas, est ailleurs, dans les champs, en forêt ou près des cimes…

Je me permettrai donc de conclure en empruntant cette phrase à mon ami Jean-Pierre Corniou qui dans la dédicace de son livre, *La Société de la connaissance*, m'a écrit ceci : « À R. R. en le remerciant de sa maîtrise et de sa passion qui non seulement me font aimer encore plus la montagne, mais me permettent de prendre de l'altitude dans tous les domaines. »

Achevé d'imprimer en mai 2005
sur les presses de Dumas-Titoulet Imprimeurs
pour le compte et le plaisir des éditions
La Fontaine de Siloé
à Montmélian, en Savoie.
couverture : www.studiodesperado.com
N° d'impression : 42366 C
Imprimé en France